这就是大语文

# 常用常新
# 成语课

黄海龙 ◎ 编著

提升概括力
让写作妙趣又精炼

农村读物出版社
中国农业出版社
北京

# 自序

## 学好中华经典语文，提高说话和写作能力

### 大语文的素养要求

教育部语文课程改革的方案指出，中学语文课程标准要以学科核心素养为本，语文学科核心素养包括四个方面：语言建构与运用、审美鉴赏与创造、思维发展与提升，以及文化传承与理解。通俗些来说，语文教育就是要培养人的语文运用能力（包括说话能力和写作能力），提高思考问题的能力和语文鉴赏能力，并在这一学习过程中，完成对我们博大精深的中华文化的理解和传承。

我们可以举几个例子。

有一首打油诗，说人们去旅游，看山看海看大自然的各种奇观，情绪激荡，觉得非吟诗一首不可，但张嘴半天倒不出东西来，喊一声"哇塞"之后就没词了。这首诗有很多版本，其中一个版本是这样写的："眼前风景美如画，本想吟诗赠天下。奈何腹中没文化，哇塞一声浪真大！"几句打油诗，把人们在说话和写作上的能力欠缺，描摹得非常贴切和生动。

有人说，旧体诗写作我们没学过呀。那好，你能用个句子或者短语来表达也行。但是我看很多学生作文，表达喜怒哀乐时，一点芝麻小事，动不动就是欣喜若狂、怒发冲冠、悲痛欲绝、乐不可支，完全没有对语言分寸的把握。

写云朵，不管天气晴雨或者朝暮晨昏，都是千篇一律地像棉被、像气球、像妈妈、像外星人……完全不存在对实际生活的观察。

这些都是"语言建构与运用"素养不足的表现。

"审美鉴赏与创造"素养不足也是一个常见问题。生活中，甚至一些接受过完整大学语文教育的人，都把《故事会》或者"故事会体"当成文学的最好样板。有些畅销小说，文字矫揉造作，却能在学生读者中很流行，一旦专家出来对其进行批评，还会惹得读者不高兴。

原因正是，如果语文教育没能教给学生高质量的审美鉴赏力和创造力，学生就只能拿垃圾文字当宝贝！

## 把话说得准确、优美、典雅、传情

说和写的能力要求，我们可以用四个词来概括：准确、优美、典雅、传情。

首先是准确。不能用错，否则就要闹出笑话。比如谈话中提到对方的父亲，可以用"令尊"一词，但有人错用成了"家父"，这就很尴尬了。要知道，"家父"在语文中，专指说话人自己的父亲，相当于"我父亲"；"家"是谦辞，表示说话人的谦逊和对他人的恭敬。相对应地，提到别人的父亲时，得说"令尊"。令，意为"美好"，是敬辞。

还有人将"致仕"解释为"做官"，这个词有一定争议，但近千年来，"致仕"都是辞官、退休的意思。解释为"做官"，意思上正好南辕北辙了。

还有一些读错字音的情况，读错成语"鸿鹄之志"，读错"耄耋""滇池"……读错比用错尴尬，但用错比读错更值得警惕和反思。

其次是优美。新型冠状病毒肺炎疫情严重的时候，日本友人为中国捐赠防疫物资，并于箱上书写"山川异域，风月同天""青山一道同云雨，明月何曾是两乡"等赠语。这些赠语，内涵恰如其分（准确），语言也何其优美！这样美的文字，能够迅速刷爆网络、引起人们的共鸣，也就不难理解了。

典雅这一要求，与这套书的定位"中华经典语文"相关，它的反面是粗俗。我们中华文化，博大精深；古代汉语，尤其以典雅著称。孔子说："不学诗，无以言。"不学习《诗经》，话都不能说。为什么？因为《诗经》文辞优美、韵味典雅，是适合大雅之堂的高级语文。说话和写作，用语典雅，正是一个人语文素养高的体现。

再说传情。说话和作文，除了要准确地表达自己的意思，还要能够打动人、以情动人。能引起的共鸣越多，就越是说话得体和文章好的体现。

## 好的语文，会用才是硬道理

回到前面说的打油诗那个例子，其实我们不会写旧体诗词也没关系，我们可以引用。传统经典，我们一直在学；唐诗宋词，我们一直在背。学了背了，就要用起来，会用才是硬道理，才是真正学到手了。

四五岁的孩子能把《春晓》背得滚瓜烂熟，但是，我们的学生在春天早晨从美梦里醒来，有没有想起过"春眠不觉晓"这句诗？学生写作文《雨后》，有没有想起过用上"花落知多少"？

我们学了很多古文名篇，但是日常生活中，怎么问人姓名、年龄，怎么称呼客人、家人？

前面提到的一些方面就体现了语文的运用。不管背诵了多少诗词、成语，能用起来，才是"活的语文"，才是有价值的语文。

本套书按照语文课程标准要求的"以学科素养为核心"这一指导思想，对标"准确、优美、典雅、传情"这四大能力要求，遵循"会用才是硬道理"这一理念，将中华传统经典中的语文精华，以符合当下读者阅读需要的形式，介绍给广大读者，力求帮助读者在说话和作文中准确、灵活地运用好语文这一工具。

本套书分为四册：《这就是大语文：常用常新成语课》《这就是大语文：一鸣惊人诗词课》《这就是大语文：道高一筹俗语课》《这就是大语文：谈吐不凡雅言课》。

《这就是大语文：常用常新成语课》，精选四字成语，追溯其典故出处，介绍其用法和同类成语。成语的挑选标准，要求新颖但不生僻，真正符合中小学生和一般读者的需要。

《这就是大语文：一鸣惊人诗词课》，精选唐诗宋词，重点解读作品中的"名句"，按叙事、写景、抒情、记人等分类，并举例说明用法：哪一句可以用来写贺卡，哪一句适合作座右铭，怎么灵活运用在说话和写作中，等等。

《这就是大语文：道高一筹俗语课》，精选的是生活俗语。俗语是老祖宗留下来的最生活化的语文，接地气、俏皮、耐琢磨。用对一句俗语，顿时妙趣横生。

《这就是大语文：谈吐不凡雅言课》，精选古典雅词，如问人姓氏要说"贵姓"，给人写信可说"见字如晤"；称人父亲为"令尊"，称己父亲为"家父"；对前辈自称"后学"，被表扬可说"过奖"……

总之，不闹笑话，把话说得准确、优美、典雅、传情，始终是一种优秀的能力。

希望这套书，不仅能帮助到广大中小学生，也能帮助到一般大众读者，尤其是广大农村地区的师生。农村地区，家庭教育偏弱，学校教育也有诸多局限，获取语文知识的途径主要靠阅读，而阅读这样一套更有针对性、实用性的语文读物，无疑效果会更好。

希望每一位读者通过学习，都可以在说话中妙语连珠、口舌生香，写作上字字珠玑、句句生辉、章章华彩！

黄海龙

2021 年 1 月 28 日

# 目录

自序

## 智慧篇　学习做人和做事

## 生命篇　耐人寻味的人生感喟

博学篇

典故里的历史

# 楚材晋用

楚：楚国。晋：晋国。材：人才。楚国的人才被晋国使用，比喻此地的人才自己不用而为彼地所用，也指因不重视人才而导致人才流失。

语出《左传》："晋卿不如楚，其大夫则贤，皆卿材也……虽楚有材，晋实用之。"

## 知 识 拓 展

### 近义词：秦臣赵冠

语出南北朝庾信《咏怀》："楚材称晋用，秦臣即赵冠。"意思是秦灭了赵后，秦王将赵王的君冠赐给自己的近臣。后借指出使的官员被对方留下做官，比喻人才流失。

### 反义词：门户之见

语出《新唐书·韦云起传》："今朝廷多山东人，自作门户。"比喻因派别不同而产生的成见。如：相聚即是缘分，大家既然进到同一个团队里来，就不要再存门户之见，也不要有畛域之分，当同心协力，亲如一家人。

### 虽楚有材，晋实用之

春秋时期，楚国大夫伍举因岳丈犯事而被人中伤，被迫逃离楚国，到了晋国。老朋友蔡国大夫声子决定帮助他返回楚国。

楚、晋两国在当时算是实力相当的大国，为争夺霸权而常年战争。就在伍举逃到晋国不久，在宋国的联络下，几个诸侯国出面为楚、晋两国的矛盾进行调停，蔡国大夫声子也在其中，他先是到晋国，再是到楚国，受到了楚国宰相子木的接见。

子木向声子打听晋国的情况，问："晋国大夫中，有才能的多不多？"

声子告诉他："在晋国，有才能的大夫很多，你们楚国根本不能比。"

子木一听，就好奇地问："那他们的人才是从哪里网罗到的呢？"

声子叹了一口气，说："他们哪里需要去四处网罗啊，晋国大夫中有才能的本来就不少，何况还有你们楚国的人才自己跑过去呢。唉！这真是虽楚有材，晋实用之啊！比如说析公、雍子、子灵，都是楚国投奔过去的人才啊！楚国用刑太滥，不善用人，有才能者常常无辜罹罪，哪里留得住人才，这些人才都跑到晋国去了。这些年楚国在晋国那里连吃败仗，都是因为有这些人在辅佐晋王。"

接着，声子就说到了伍举的事："伍举是公认的有德才的好大夫，在楚国遭人污蔑却无法申辩，只能逃亡到晋国。如果他想报复的话，只要借助晋国的力量，那楚国就危险了。"

　　子木听了，觉得有理，便立即报告楚王。楚王宣布赦免伍举，并派人将他接回了楚国。

## 应 用 课 堂

　　"楚材晋用"讲的是人才流失现象，可用于议论文中。

　　如：当今世界，人才是第一生产力，我们再也不能让楚材晋用的现象出现了。

# 箪食壶浆

语出《孟子·梁惠王上》："箪食壶浆，以迎王师。"

《三国演义》中，提到曹操打了胜仗归来，当时人们也箪食壶浆地去迎接。

箪：音dān，盛饭的器具。浆，汤，热水。百姓用箪盛着饭，用壶盛着汤，来欢迎他们爱戴的军队。所以"箪食壶浆"常用来形容军队受到群众热烈拥护和欢迎的情景。亦作"食箪浆壶"。

### 箪食壶浆，民心所向

战国时期，燕国与齐国国力相当，都是一等强国。可是，燕国后来出现了内乱，相国子之施行暴政，大将子被、太子平率兵讨伐，燕国因此国力大衰。

燕国的百姓处于水深火热之中，怨声载道。齐宣王便趁机出兵，以平乱的名义进入燕国，燕国百姓苦于内乱，很欢迎齐军的到来，他们用箪端着吃的，用壶盛着喝的，来迎接齐国的军队。在这种情形下，齐国军队很快就控制了燕国大部分领土。

齐宣王暗喜，有心借机吞并燕国，就向孟子咨询。孟子说："你想并吞燕国，如果燕国老百姓同意，那就没问题。但是你想一想，燕国老百姓箪食壶浆来迎接你们齐军，难道是希望齐国来吞并燕国吗？老百姓想的不过就是过安定的生活而已，这才是民心所向。"

## 应用课堂

"箪食壶浆"可用于欢迎救援队伍的情景中：人民呼唤祖国的军队，这在任何时代都是一样的。历史上，每当南宋军队打退来侵的金军时，老百姓都箪食壶浆来迎接。当代，人民解放军打了胜仗归来，人们也自发地箪食壶浆去迎接。

## 知识拓展

### 凯　旋

"凯旋"一词出自南朝谢灵运《撰征赋》："愿关峤之遄清，迟华銮之凯旋。"希望关峤一带早日肃清，等待华美銮驾胜利归来。

现代汉语中，要求"凯旋"后面不可加"而归"。虽然"凯旋而归"及其类似的用法自古有之，但是现代学者比较普遍的观点是："旋"本身已经具有"归来"的含义，因此"凯旋而归"的说法是词义重复，应当视为一种错误用法。

# 前倨后恭

倨：音jù，态度傲慢。以前态度傲慢，后来则变得态度恭敬。形容对人的态度有了变化。

出自《战国策·秦策》："苏秦曰：'嫂何前倨而后卑也？'嫂曰：'以季子之位尊而多金。'"

苏秦问嫂子："你以前那么倨傲，如今如此谦卑，是为什么？"

嫂子回答说："因为小叔你如今地位尊贵、身家富有啊！"

## 苏 秦 之 嫂

苏秦是战国时期著名的纵横之士。早先苏秦去秦王那里找工作，但是碰了壁，秦王对他的说法不感兴趣。苏秦在秦国待了很久，直到身上带的钱财都花光了，衣服也破旧了，不得已灰头土脸地回家去。

苏秦到了家里，母亲看见儿子这副狼狈相，生气地不跟他说话。妻子正在织布，看见外出很久的丈夫这副模样回来，也不搭理，仍然干着手里的活。苏秦一路行来，忍饥挨饿，请求嫂子做些饭菜给他吃，嫂子也推托说自己太忙，没空做饭。

苏秦伤心地说："妻子不拿我当丈夫，嫂子不认我这个小叔，连父母都不认我这个儿子，这都是因为秦王不愿意聘用我！"

从此苏秦对秦王怀恨在心，决心去游说其他六国，来共同打击秦国。几年后，苏秦重新出发，去六国找工作，这次非常顺利。几个国家都任命苏秦为宰相，请他来领导大家对抗秦国。

这回，苏秦衣锦还乡，家里人也对他格外恭敬。嫂子跪在地上，像蛇一样在地上爬，一再磕头请罪。苏秦问："嫂子以前那样傲慢，现在又这样卑下，为什么呢？"嫂子答："因为你现在地位尊显，钱财富裕。"

后人把苏秦嫂子的这种态度变化，归纳为成语，就是"前倨后卑"，也作"前倨后恭"。

## 应用课堂

"前倨后恭"也可改为"前恭后倨"，意思正好相反。苏轼去一个寺里游玩，向寺里和尚讨茶水喝。和尚不认识苏轼，对他极为冷淡；后来发现苏轼谈吐不凡，一问之下，他才知道原来是闻名天下的苏大学士，当即态度恭敬起来。这就是"前倨后恭"，有讽刺人势利眼的意思。

## 知识拓展

**相关词语：不卑不亢**
指待人接物时，态度得体，既不卑下，也不傲慢。

**相关词语：先礼后兵**
指先讲道理，如果行不通，再采取强硬手段。

## 语文加油站

### 獐旁边是鹿，鹿旁边是獐

　　王安石有个儿子叫王雱，小小年纪就很聪明。有人给王安石送来一只獐和一只鹿，关在一起。客人问王雱："你认识哪只是獐，哪只是鹿吗？"王雱没见过，当然不认识，他想了想，回答说："獐旁边那只是鹿，鹿旁边那只是獐。"客人大为惊奇。

# 唇亡齿寒

意思是嘴唇没有了，牙齿就会寒冷。比喻两者之间有着十分密切的利害关系，一方受到了伤害，另一方也必定会受到牵连。多用来说明人与人、团体与团体、国家与国家之间的关系。

出自《左传》："夫鲁，齐晋之唇，唇亡齿寒，君所知也。""唇亡齿寒"这个成语在春秋时代十分流行，当时许多著作中都有出现。

## 虞公不懂唇亡齿寒

晋国准备攻打虢国，但因为隔着一个虞国，就得先向虞国借道才行。

晋献公向虞国借道。虞公想要答应，却被宫之奇劝阻。宫之奇说："虢国是我们虞国的近邻和屏障，如果虢国被晋国灭了，我们虞国也必然跟着灭亡。如果我们老是给晋国借道，任由它去攻打虢国，就会激发其侵略野心。我们借了一次道本就过分，如今怎么能借第二次呢？俗话说唇亡齿寒，我们虞、虢两国正是这种关系啊。"

可是，宫之奇已经将话说得这么明白了，偏偏这虞公死脑筋就是不听，再一次给晋国借道去攻打虢国。宫之奇知道如此下去，虞国必定会跟着虢国而亡国，在劝谏失败后，当即就带领自己的家族远走他国了。临走时，宫之奇一声长叹："唉！虞国必过不了年终大祭，晋国也不需要再借道出兵了。"

果然，这次战争后，晋国灭了虢国。撤兵之际，晋军借住在虞国，乘虞国不备，顺手就将虞国灭了。最后虞公成了晋军俘虏，这时再后悔还有什么用呢？

## 应用课堂

"唇亡齿寒"可用作谓语、定语。

如：我俩是唇亡齿寒的关系，他遇到了这么大的事，我能不管吗？

## 知识拓展

**近义词：休戚相关**

语出《国语》："晋国有忧未尝不戚，有庆未尝不怡……为晋休戚，不背本也。""休"是喜乐、吉庆的意思，"戚"是悲伤、愁苦的意思。别人忧你则忧，别人喜你也喜，这就是休戚相关，形容彼此之间利害攸关，福祸相倚，荣辱与共。

类似的词还有"一荣俱荣，一损俱损"。

**反义词：无关痛痒**

语出《朱子语类》："那不关痛痒，底是不仁。"别人的痛痒，你觉得跟你没有关系，朱熹认为，这是不仁，没有同理心。现今用来比喻与自身利害无关或即使有关也没有什么影响。

11

# 请君入瓮

瓮：一种大肚子、方便盛装东西的陶器。

"请君入瓮"是唐史中的一个典故，唐朝酷吏周兴想出了一个惩罚犯人的好点子，却马上被别人用来对付周兴自己。意思相当于"以其人之道，还治其人之身"，比喻用某人整治别人的办法来整治他自己。

### 请君入瓮，自作自受

唐朝武则天称帝时期，实施恐怖政治，出现了一批手段残忍的官员，为达到政治目的而不择手段地折磨敌对官员。这些人被称为"酷吏"，他们是武则天的亲信打手，其中最著名的有来俊臣、周兴等。

一次，有人向武则天告发周兴谋反。武则天一看，牵扯到了自己的亲信，便叫来另一名亲信来俊臣，下密旨让他去审理此案。

来俊臣和周兴本来关系不错，这天，他请了周兴来自己衙门吃饭。喝酒的时候，来俊臣假意向周兴请教："周大人，我这里经常有犯人不肯认罪，顽强抵抗，我是一点办法也没有。你有没有什么高明招数可以教我？"

周兴毫无戒备之心，他很自得地告诉来俊臣："这事儿你问我，那真是问对人了。我教你一个法子：你找一个大瓮来，底下架起柴堆，把犯人放进瓮里，然后点燃柴堆，没一会儿，犯人准保乖乖伏罪。"

来俊臣听了哈哈大笑，立即叫人抬来大瓮，架起柴堆，然后对着周兴说："皇帝有密旨，让我审办周兴谋反一案。现在，请你自己爬进瓮里去吧！"

## 应用课堂

周兴当即面色惨白，冷汗淋淋，伏地认罪。

"请君入瓮"多指以坏人的手段来惩罚坏人，意思接近于"以其人之道，还治其人之身""搬起石头砸自己的脚"等。但在具体使用上，并不能直接对换。

举例：这是你自己修建的小黑屋，你也规定做了错事要被关进小黑屋，现在轮到你了，来吧，请君入瓮！

## 知识拓展

**近义词：以毒攻毒**

用毒物来对攻毒物，或者用坏人来对付坏人。

**近义词：作茧自缚**

本意是春蚕吐丝为茧，将自己裹在茧中。比喻弄巧成拙，自作自受。

**相关词语：以其人之道，还治其人之身**

照搬某个人的办法，来对付此人自己。

# 脱颖而出

颖：尖儿、锋芒。锥尖透过布囊显露出来，比喻本领显露出来，受到关注。

语出《史记·平原君虞卿列传》："使遂早得处囊中，乃脱颖而出，非特其末见而已。"

## 毛遂自荐，脱颖而出

秦兵围困赵国都城邯郸，赵国派遣平原君向楚国请求救兵，说动楚国"合纵抗秦"。

平原君号称门客三千，手下能人、奇人众多，但是面对这么重要的任务，平原君对于应该挑选哪些人一起前往楚国，心里还是没有把握。

有一个叫毛遂的人，向平原君自我推荐说："听说先生要出使楚国，将与门下食客二十人一同前往，如今还少一人，就让我来凑个数吧！"

平原君对此有些怀疑，他说："有本事的人处在世界上，好比锥子处在囊中，锋芒早就显露出来了。如今，你在我门下已经三年了，也没听说你有什么过人之处。你不能随我们去！"

毛遂说："所以我请求您把我放到囊中去！如果早就处在囊中的话，我也早就像禾穗的尖芒那样，锋芒毕露了。"

平原君抱着试一试的态度，答应了毛遂的请求。一行人到了楚国，一天下来，谈判并不顺利。再谈的时候，又陷入了僵局，毛遂瞅准机会，手握剑柄登阶而上，径直来到平原君和楚王身边。楚王问："这个人是干什么的？"

平原君说："这是我的门客。"

楚王怒斥毛遂："我在和你的君侯说话，你来干什么？下去！"

毛遂不退反进，逼近楚王跟前，说："大王敢斥责我，是仗着楚国人多。但是现在，十步之内，大王的性命悬在我的手里了。"

楚王害怕了，很客气地问毛遂有何指教。毛遂便当众讲起"合纵"的利害关系，说得楚王连连点头称是。毛遂又趁热打铁，让楚王和平原君当场签订了盟约。

毛遂以身犯险，展示了其英勇、机智，又以理服人，说服楚王签订盟约，展示了他的见识和口才。平原君因此感叹说："毛先生的口才，强似上百万的军队。这样的人才在我家里三年了，我却不知道，我再不敢说自己有识人之明了。"从此把毛遂待为上宾。

## 应用课堂

成语"毛遂自荐"也出自这个故事。"脱颖而出"多用来指从一堆人中显露出自己的优势、长处。

如：报名这个演讲大赛的有上万人，经过两轮淘汰后，有机会站到决赛舞台上的仅有五十人，而最终能脱颖而出、拿到比赛名次的，可谓是优秀选手中的优秀选手。

# 知识拓展

### 近义词：崭露头角

"崭"是高出。该成语的意思是突出地显露出优异的才能。

唐代韩愈《柳子厚墓志铭》："虽少年，已自成人，能取进士第，崭然见头角焉。"柳宗元少年成名，进士及第，已是崭露头角。

### 反义词：怀才不遇

胸怀才学但生不逢时，难以施展。指有本事而不得志。

明代冯梦龙《喻世明言》："眼见别人才学万倍不如他的，一个个出身显通，享用爵禄，偏则自家怀才不遇。"

# 卧薪尝胆

薪：柴草。一直在柴草上睡觉，每餐吃饭前都要尝一尝苦胆的味道。这是成语"卧薪尝胆"的本义，对于一般人来说是很难做到的，一要能吃得了苦，二要有能长期坚持的毅力。但是，在中国历史上不但有人做到了，这个人还凭着这种激励，干出了一番惊天作为。

后人将卧薪尝胆演化为成语，用来形容人为了谋求大业，刻苦自励、发愤图强，不断锻炼自己的恒心与毅力，最终通过艰苦努力，取得了最后的胜利。

## 勾践卧薪尝胆成霸主

"卧薪尝胆"故事的主人公叫勾践，他是春秋时代越国国君。

吴越两国是邻居，国势相当，谁也不服谁，都想打败对方。勾践刚即位时，国势不稳，吴王阖闾趁机率兵攻打，但在越国的激烈抵抗下，阖闾战死。

吴王夫差即位，要报父仇，勾践也恨吴国的侵犯，于是双方很快又开战。但这一次，越国大败，勾践自己也成了俘虏。大臣伍子胥劝夫差杀了勾践以绝后患，但大胜之后的夫差志得意满，不听伍子胥的劝告，留下勾践在自己身边当奴仆。

从国君到奴仆，勾践遭受的打击太大了，但他没有沉沦。在给夫差当奴仆的三年时间里，勾践低三下四，曲意奉承，饱受侮辱，最终被夫差放回越国。回国后，勾践暗中勤练精兵，自己则每天睡在柴草上面，还在屋里悬挂了一枚苦胆，吃饭的时候先尝一尝，以激发斗志，不要忘了在吴国当奴仆时所受的屈辱。

就这样，经过整整十年时间的卧薪尝胆，越国重新强大起来。勾践抓住机会，偷袭吴国，一举成功，并攻破吴国国都，迫使夫差自杀，吴国灭亡。

吴越争霸结束，越国最后胜出，勾践成为春秋时期最后一位霸主。

勾践"卧薪尝胆"的故事，现在已成为忍辱负重、敢于拼搏的一种象征，激励了无数代人的奋发作为。清代小说家蒲松龄有一副自勉联："有志者事竟成，破釜沉舟，百二秦关终属楚；苦心人天不负，卧薪尝胆，三千越甲可吞吴。"将勾践"卧薪尝胆"与楚霸王项羽"破釜沉舟"相提并论，对勾践这一行为作了很高的评价。

## 应用课堂

现在，"卧薪尝胆"多用其比喻义。

如：这个寒假，姐姐重了足足十斤，以前的春衣都穿不下了，气得姐姐对着镜子发誓："我要减肥，我要卧薪尝胆，我要奋发图强！"

# 知识拓展

**近义词：宵衣旰食**

天不亮就穿衣起床，天很晚了才吃饭。形容为处理国事，废寝忘食，日夜操劳。旰音。

**近义词：一馈十起**

吃一顿饭要起来十次。形容事务繁忙，连吃饭的时间都在工作。

语出《淮南子·氾论训》："当此之时，一馈而十起，一沐而三捉发，以劳天下之民。"吃一顿饭被打断十次，洗一次头发被打断三次，比喻工作繁忙、勤于职守。

# 四面楚歌

《史记·项羽本纪》："项王军壁垓下，兵少食尽，汉军及诸侯兵围之数重。夜闻汉军四面皆楚歌，项王乃大惊，曰：'汉皆已得楚乎？是何楚人之多也。'项王则夜起，饮帐中。"成语"四面楚歌"就出于此。

成语本义是项羽中了刘邦的计谋，听到四面都是楚地的歌声，就误以为楚地尽失，从而丧失了进行楚汉之争的斗志。后来引申为处境艰难，四面八方都是敌人或不利形势。

## 项羽四面楚歌

楚汉之争后期，项羽大势已去，已是强弩之末，被刘邦军队重重围困。刘邦为了尽快结束战争，取得胜利，就使了一个四面楚歌的计谋。他让兵士们在晚上故意大唱楚地的歌曲。项羽的士兵多是楚人，听见楚歌，想念家乡亲人，心思离散。项羽也被四面的楚歌惊动了，他心中慌乱，还以为老家楚地都被刘邦占领了，不然汉军中的楚人怎么会如此之多？

当天晚上，项羽再也无法入睡，在帐中痛苦地饮酒。项羽最宠爱的妃子虞姬跳舞，项羽高歌："力拔山兮气盖世，时不利兮骓不逝。骓不逝兮可奈何！虞兮虞兮奈若何！"唱着唱着，项羽泪流满面。虞姬为了不让项羽担心，自刎而死，项羽心灰意冷，带着仅剩的八百名骑兵，突围而走。

最后到了激浪翻滚的乌江边，身边已没几人跟随，后面追兵渐近，过江又觉得无颜面对江东父老，项羽长叹一声，拔剑自刎而死。

## 应用课堂

"四面楚歌"可用于形容人的处境极为困难，孤立无援。

如：接连的打击之下，如今的他可真是内外交困、四面楚歌啊！

## 知识拓展

**近义词：山穷水尽**

宋代陆游《游山西村》："山重水复疑无路，柳暗花明又一村。"后化用为成语"山穷水尽"。意思是山和水都到了尽头，比喻无路可走，陷入了无法化解的绝境。

**反义词：安然无恙**

原指人平安没有疾病，现泛指事物平安未遭损害。

# 暗度陈仓

陈仓：古县名，今陕西省宝鸡市陈仓区。楚汉相争时，刘邦从汉中出兵攻打项羽，大将军韩信故意明修栈道，以迷惑敌方，暗地里则绕道陈仓，奇袭项羽军队。后人用"暗度陈仓"来比喻用假象迷惑对方以达到某种目的。多与"明修栈道"连用，亦可单独用。

如元代尚仲贤《气英布》中便说："孤家用韩信之计，明修栈道，暗度陈仓，攻完三秦，劫取五国。"

## 刘邦暗度陈仓

刘邦被项羽封为汉王，驻地关中。但项羽不放心他，派了雍王章邯等人扼守关中，严防刘邦从封地上跑出来。

刘邦也很有自知之明，去封地的时候接受了张良的计策，主动把咸阳到关中的栈道烧毁，以此来告诉项羽：我把路都毁坏了，您就放心吧，我不会来攻打您的。

但是几年后，刘邦在关中做好了争夺天下的准备，即将发兵攻打项羽。大将韩信出了个主意，他一边派人大张旗鼓地修复之前烧毁的栈道，吸引章邯等人的注意；一边派兵从艰险的山林之中开辟出一条小道，绕到章邯大军的背后去偷袭。

章邯等人果然中计，因为修复栈道需要很长时间，所以章邯等人一点也不着急，还在慢悠悠地观望。

一天，章邯接到报告，说汉王大军已经打到了自己的驻地。他大吃一惊，这怎么可能？原来是汉军绕道陈仓偷袭来了，章邯只得仓促应战，但哪里还能抵抗得住，在连吃了几个败仗之后，章邯被杀。汉军顺利出关，向项羽发起最后的争霸战。

## 应用课堂

"暗度陈仓"是三十六计之一。

如：我们不妨暗度陈仓，来个兵出奇招，打他个措手不及。

## 知识拓展

**近义词：移花接木**

明朝凌初《二刻拍案惊奇》："同窗友认假作真，女秀才移花接木。"

成语"移花接木"，意思是把一种花木的枝条或嫩芽嫁接在另一种花木上。比喻暗中用手段更换人或事物来达到欺骗效果。

**反义词：明目张胆**

明目：睁大眼睛；张胆：放开胆量。

语出《晋书·王敦传》："今日之事，明目张胆，为六军之首，宁忠臣而死，不无赖而生矣。"原指有胆识，敢做敢为。后用作贬义，形容公开、放肆地干坏事。

# 鼎足而立

鼎：古代烹煮的炊具，一般为三足。

东汉班固《汉书·蒯通传》中，谋士蒯通劝韩信脱离刘邦而独立，就说："方今为足下计，莫若两利而俱存之，三分天下，鼎足而立，其势莫敢先动。""鼎足而立"就是像鼎的三只脚一样，各立一方。比喻三方分立、相持的局面。

## 韩信悔不鼎足而立

楚汉相争中，韩信用谋士蒯通的计谋，打垮了齐军，接着战败了项羽派来的二十万援军。韩信所展现出的军事天才使他顿时成了香饽饽，为了招揽韩信，项羽派出特使，游说韩信背汉归楚，没有成功。蒯通也以给韩信看相为名，游说韩信与刘邦、项羽鼎足而立。

蒯通劝说韩信："现在，你手握重兵，就等于握着刘邦、项羽二王的命运。如果你帮助汉王，刘邦就胜利；如果你归顺项王，项羽就胜利。所以，我愿意披肝沥胆，建议你两不相帮，让刘邦、项羽共存下去，你与他们三分天下，互相抗衡。在这种形势下，谁也不敢轻举妄动。然后，再以你的贤才圣德，以及众多的军队，占据着强大的齐国，加上燕、赵两国的归服，从刘、项两军的空虚地带出兵，制约他们的后方，再顺应民心为百姓请命，发兵西进平息刘邦和项羽的战争。这样一来，只要你振臂一呼，天下群雄谁敢不听从呢？"

韩信认为，汉王刘邦对自己有知遇之恩，把自己从落魄中救了出来，自己不应该背叛他。所以拒绝了蒯通的建议。

## 应用课堂

因为鼎本身是三只脚，所以"鼎足而立"多指三方势力。如果是两方势力，可说"双峰对峙"。

举例：我们学校有三位学霸，鼎足而立，你追我赶，谁也不敢说自己下一次考试中就一定能胜出。

## 知识拓展

**相关词语：飞鸟尽，良弓藏；狡兔死，走狗烹**

飞鸟没有了，良弓就要收藏起来；野兔死完了，猎狗就要被烹煮着吃了。比喻事情成功之后，曾经的功臣没有了价值，就要被一脚踢开。

**相关成语：定于一尊**

"鼎足而立"是三人分立，"定于一尊"则是一家独大。

尊：具有最高权威的人。语出《史记·秦始皇本纪》："今皇帝并有天下，别黑白而定一尊。"旧指思想、学术、道德等以一个最有权威的人作为唯一标准。

# 得陇望蜀

陇：指甘肃一带；蜀：指四川一带。意思是已经取得陇右，还想攻取西蜀，常用来比喻贪得无厌。

出自《后汉书·岑彭传》："人苦不知足，既平陇，复望蜀，每一发兵，头鬓为白。"

## 光武帝得陇望蜀

东汉初年，陇西军阀隗嚣（嚣，音áo）和蜀地军阀公孙述，仗着军事实力，对汉朝中央朝廷的命令阳奉阴违。

东汉经过一段时间的休养生息后，光武帝刘秀积蓄了力量，开始对隗嚣和公孙述进行清算。光武帝刘秀亲率大军，与大将岑彭攻破隗嚣盘踞的天水（今属甘肃省），隗嚣逃到西城，被岑彭大军包围。公孙述深知与隗嚣唇亡齿寒，便派兵来援救隗嚣，但也不是中央军的对手，被围困在上邽（邽，音guì）。

光武帝刘秀见大局已定，派岑彭主持军队，自己回了首都。刘秀回去后，给岑彭去信说："这两城如果攻下了，便可带兵向南彻底解决公孙述。人苦不知足，既平陇，复望蜀。"意思是平定陇后不应满足，紧接着南下平定蜀。

后来"既平陇，复望蜀"就演变为成语"得陇望蜀"，形容得寸进尺，贪心不足。

一个人如果向别人提出一个小要求，很快得到答应，就会再提一个更高点的要求，别人往往也会满足他。如果一而再，再而三，无休止地提出要求，那就是贪心不足了。

## 应用课堂

"得陇望蜀"多作贬义用，也可用来自嘲。

如：你有点得陇望蜀了，这个要求我决不会答应。

又比如：我很希望你能再画几幅给我，虽然这有些得陇望蜀，但我真的是太喜欢了。

## 知 识 拓 展

**近义词：得寸进尺**

意思是得了一寸还想再进一尺。比喻贪心、不满足。

《战国策·秦策三》："王不如远交而近攻，得寸则王之寸，得尺亦王之尺也。"这里是说得到一点算一点。

《老子·道德经》："不敢进寸而退尺。"往前进一寸，却又退了一尺，好比进一步退三步，这是因小失大的意思。

# 势 如 破 竹

竹子在我们生活中很常见，有生活经验的人都知道，一根竹子，只要把开头一两节破开，后面就会顺势而下，毫不费力就一破到底。

古代人们根据这种生活经验，创造出了"势如破竹"这个成语。指攻势像刀破竹条一样，轻松顺畅，毫无阻碍。形容事情极为顺利，轻而易举。

典出《晋书·杜预传》："今军威已振，譬如破竹，数节之后，皆迎刃而解。"

## 知 识 拓 展

**近义词：摧枯拉朽**

摧枯枝，折朽草，自然是一挥而就，轻而易举。形容己方势不可当，敌方不堪一击。

**反义词：一败涂地**

涂地，指"肝脑涂地"，意思是死得很惨。成语"一败涂地"，就是失败之极，到了不可收拾的地步。

## 晋军灭吴，势如破竹

杜预是魏晋时期著名的政治家、军事家和学者，文武双全，人称"杜武库"，意思是他很有军事才干。

西晋灭东吴之战，便是杜预军事才干的一次体现。263年，蜀国灭亡，265年，司马炎篡魏建晋。很快，西晋兵锋所指就是吴国，以结束三国时代，实现全国统一。

西晋君臣在朝堂上商讨的时候，很多人认为，吴国地处东南，一向富裕，仍有一定实力，急于攻打的话，怕是自己也要付出不小代价。

但是杜预坚持主张要速战速决，不能给吴国积蓄更强实力的时间，而且吴国国君孙皓荒淫残暴，不得人心，正是趁势灭之的好时机。

最终，晋武帝采纳了杜预的意见，并任命杜预为征南大将军，率兵攻吴。晋国军队兵分六路，同时进军，吴国果然无力抵挡，晋军很快在江陵会师，即将对吴国都城建业进发。

这时，水军将领又提出缓战意见，认为长江水势暴涨，此时进攻建业难度太大，胜负难料，不如暂时休整一下，等到冬天再行进攻。

杜预愤怒地说道："现在我军军威大振，正像劈竹子一样，劈开了几节之后，下面的竹子就可以迎刃而解，一劈到底了，怎可再延误战机？"于是当即发兵，直扑建业。建业城破，国君孙皓被俘，吴国灭亡。

这次战役前后仅用四个多月，正是"势如破竹"这一成语的完美诠释。

## 应用课堂

成语"势如破竹"也可用在工作、学习等事情上，但与"突飞猛进"等近义词不同，前者展现的是事情进行的过程，后者强调的是结果。

如：这次数学考试，我真是大显神威，势如破竹地将所有难题都一扫而过。跟上一次考试相比，我的成绩也实现了突飞猛进，一跃而居班级前列。

# 车载斗量

车载：用车来装载。斗量：用斗来丈量。"车载斗量"表示数量很多，不可胜数。

出自《三国志·孙权传》："遣都尉赵咨使魏。"裴松之注引《吴书》："如臣之比，车载斗量，不可胜数。"

### 像赵咨这样的人才车载斗量

三国时，蜀将关羽被东吴名将吕蒙擒获后杀害。刘备准备出兵伐吴报仇。得知消息后，吴主孙权便派中大夫赵咨出使魏国，向魏文帝曹丕求援。

赵咨博学多才，能言善辩，他在许都见到了魏文帝曹丕。曹丕本就看不起东吴，吴魏还曾经打了多年仗，自然连带着对赵咨也是一番轻视的态度了。

曹丕态度傲慢，问赵咨："你们吴王是个什么样的国君？吴国怕不怕我们魏国？"

赵咨心中不满，但仍不动声色地回答："我们吴王是位拥有雄才大略的人，他的聪慧、睿智、仁义，那可都是有口皆碑的。至于说到怕不怕，大国有大国的征伐武力，我们小国也有小国的抵御良策，更何况我们吴国也有雄兵百万，那又何必去怕人家呢？"

曹丕一听，这人不错呀，继续问道："那像先生这般才能的人，你们东吴有多少？"

赵咨回答："比我聪明而能干的，不下八九十人；至于像我这样的，那简直是车载斗量，数不过来呀！"

一席话听得满朝官员都肃然起敬，曹丕更是连声称赞说："使于四方，不辱君命，先生当之无愧。"赵咨不辱使命回到东吴后，孙权封他为骑都尉，对他更为器重了。

## 应用课堂

"车载斗量"表示很多，所以什么地方要用到"很多"这个意思时，就可以考虑这个成语。

比如：我的故事车载斗量，跟你说三天三夜都没问题。

或者：秋收季节，打下的谷子车载斗量，堆积如山。

## 知识拓展

### 近义词：比比皆是

形容到处都是，极为常见，不足稀罕。比比：一个挨一个。语出《战国策》："犯白刃，蹈炉炭，断死于前者，比是也。"上刀山、下火海，不怕死的人，到处都是。

北宋包拯《请救济江淮饥民疏》中说："年亢旱，民食艰阻，流亡者比比皆是。"意思是大旱灾，老百姓没有吃的，因为饥饿而流亡的人到处都是。

**反义词：寥寥无几**

寥寥：数量少。如明朝胡应麟《诗薮》："建安以后，五言日盛；晋宋齐间，七言歌行寥寥无几。"三国建安时期（曹植所处的那个时代）以后，五言诗越来越流行，整个两晋、南朝，七言诗的写作很少，没有几个。

相似的还有"寥若晨星"。我们有心去观察的话，可以发现，每天清晨时分，天空中肉眼能见到的星星都是极少的，所以说"寥若晨星"，比喻事务像早晨的星星那般稀少。

# 三顾茅庐

顾：看望，拜访。出自《三国志》，刘备三次去南阳卧龙岗拜访诸葛亮，邀请他出来辅佐自己打天下。比喻真心诚意，一再邀请。又作"三顾草庐"。

## 三顾茅庐请诸葛

东汉末年，天下大乱，诸葛亮在隆中结茅而居，躬耕垄亩，自己种粮自己吃，一边读书，一边思索着天下大局，人称"卧龙先生"。

乱世出英雄，刘备是汉朝皇室之后，趁机而起，想要招揽天下英才为己所用，从而建立一番功业。有人向刘备推荐了诸葛亮，于是刘备带着关羽和张飞，亲自到卧龙岗拜见诸葛亮，想请他出山。

这天，三人来到隆中，但诸葛亮不在家，他们只好失望而归。他们回去后，听说诸葛亮回来了，刘备立即叫人备马，再往卧龙岗。到了草屋，书童又说诸葛亮被人请走了，三人怏怏而回。

过了一段时间，刘备三访诸葛亮，第三次来到隆中。为了表示诚意和尊重，离草屋还有半里多地，刘备便下马步行。这时，诸葛亮正在午睡，刘备不敢去打扰他，便带着关羽和张飞在台阶下恭敬地等候。张飞是个急性子，发火说要一把火烧掉诸葛亮的草屋，被刘备阻止了。三人继续耐心等待。

诸葛亮睡醒后，三人前往拜见。诸葛亮被刘备的诚意打动，欣然答应出山，辅佐刘备共图大业。

小说《三国演义》中绘声绘色地描述了"三顾茅庐"的故事。诸葛亮《前出师表》中也提到了这一史实："臣本布衣，躬耕于南阳，苟全性命于乱世，不求闻达于诸侯。先帝不以臣卑鄙，猥自枉屈，三顾臣于草庐之中。"

## 应用课堂

"三顾茅庐"，形容求贤若渴，也形容待人诚恳。如：您是我们三顾茅庐请来的专家，这项工作就多多仰仗了。

## 知识拓展

**近义词：礼贤下士**

尊重贤者，降低身份结交有才能的人。

《宋书·江夏文献王义恭传》："礼贤下士，圣人垂训；骄多矜尚，先哲所去。"礼贤下士，是圣人的教诲；骄傲自满，自以为是，是哲人鄙弃的行为。

**反义词：妄自尊大**

过高地看待自己，轻视他人。

《后汉书·马援传》："子阳井底蛙耳，而妄自尊大。"马援认为，子阳（公孙述）是井底之蛙，自以为了不起。

# 乐不思蜀

意思是快活得忘了自己的国家或家乡，再也不思念蜀国。比喻在一个新地方有了新的乐趣，流连忘返或乐而忘本，再也不想回到原来环境中去。

语出《三国志·蜀书·后主传》裴松之注："问禅曰：'颇思蜀否？'禅曰：'此间乐，不思蜀。'"

### 刘禅乐不思蜀

蜀国刘备死后，传位给儿子刘禅。刘禅小名阿斗，很是昏庸、糊涂。后来蜀国被魏国所灭，刘禅做了亡国奴，被迫离开故土，迁往魏国都城洛阳居住。

一天，魏国权臣司马昭宴请刘禅，故意安排人表演蜀地的节目。一些原来蜀国的官员看了后，联想到国破家亡，都是无比感伤，有人甚至哭了起来。可是，作为昔日蜀国的国君，刘禅不仅没有半点悲伤，反而看得哈哈大笑。

司马昭看了直摇头："想不到刘禅竟糊涂到了这种地步，就算诸葛亮还活着，怕是也扶不起这阿斗吧！"

又有一次，司马昭问刘禅："你思念蜀国吗？"

刘禅回答说："我在这里很快乐，干吗要思念蜀国呢。"

刘禅的这种忘本表现很让人苦恼，他的随从官员正指点刘禅说："如果司马昭再问起时，你应该哭泣着告诉他，先人的坟墓都在蜀地，你每一天都思念着，想要回到蜀地去。"

后来司马昭再次问起时，刘禅便照着正教他的话回答，一边说一边还装作很痛苦的样子，可就是哭不出半点眼泪，只得装模作样地闭着双眼。

看着刘禅滑稽的样子，司马昭心里明白了，于是说："你说的话，怎么像是正教的呢？"

刘禅听了大惊，睁眼望着司马昭说："是呀，这话正是他教我说的。你怎么知道的？"

左右的人听了，哈哈大笑，心里却为这个扶不起的阿斗感到悲哀。

## 应用课堂

历史上，"乐不思蜀"多作贬义词，讥讽那种忘本的人。今天，多作中性词使用。

如：我太喜欢这个地方了，山清水秀，整日里与花草虫鸟为邻，空气好，没有城市喧嚣，还可以在小溪边钓鱼。我已经乐不思蜀了，就让我在这里长大到十八岁吧！

## 知识拓展

**近义词：乐而忘返**

语出《史记·秦本纪》第五卷："造父以善御幸于周缪王……西巡狩，乐而忘归。"意思是说，因为非常快乐，而忘记回家。比喻沉迷于某种场合，舍不得离开。

## 知 识 拓 展

**反义词：归心似箭**

明代小说《好俅传》中："承长兄厚爱，本当领教，只奈归心似箭，今日立刻就要行了。"意思是说，想回家的心情像射出的箭一样，收不回来。形容回家心切，刻不容缓。

# 城狐社鼠

城：城墙。社：土地庙。"城狐社鼠"也作"社鼠城狐"，意思是城墙上的狐狸和土地庙的老鼠，它们都是依仗着城墙和土地庙的庇护而为非作歹。所以这个成语用来比喻社会上那些狐假虎威、仗势作恶的小人。

语出《晋书·谢鲲传》："隗诚始祸，然城狐社鼠也。"

## 城狐社鼠是刘隗

东晋时，刘隗（隗，音wěi）是皇帝身边的近臣，善于专权恣肆，为非作歹，祸害国家，引起朝廷上下许多人的不满，恨不得除之而后快。

左将军王敦，看不惯刘隗的所作所为，便想要乘机将他除掉，郑重起见，就找来自己的长史谢鲲密谋商量。王敦说："我想除掉刘隗这个老奸贼，以此来报答朝廷，你看如何做才好？"

谢鲲向来心思周密、办事谨慎，略一思索后摇头回答说："将军啊，此事万不可为。"王敦一听，有些不高兴地说："这是天大的好事啊，你怎么说不可以呢？"

谢鲲叹了一口气，对王敦说："刘隗确实是个坏人，人人得而除之，我也很想掉除他。但是，将军你想过没有，他是皇帝身边的宠臣，打个比方说，他就好像是城墙上的狐狸、土地庙里的老鼠。要打狐狸就得先挖城墙，要用火熏或者水灌来弄死老鼠，势必会弄坏城墙、毁坏土地庙。再说，这个刘隗现在势力已相当大，还有皇帝给他撑腰，恐怕是难以除掉他了。弄不好坏人没除掉，我们自己倒是吃了大亏，就划不来了。要除他，只能从长计议，寻个万全之策才是。"

一席话说得王敦虽然心里不痛快，却也不得不罢休。

## 应 用 课 堂

城狐社鼠，跟跳梁小丑、鼠辈等词一样，都用来表示对人的轻蔑。

如：那个人就是城狐社鼠之辈而已，自己没本事，上不了台面，我们不用太在意他，更不用害怕他。

## 知 识 拓 展

### 近义词：跳梁小丑

出自《庄子·逍遥游》："子独不见狸乎，卑身而伏，以候敖者；东西跳梁，不辟高下，中于机辟，死于罔罟。"这句话是说：你难道看不见那些野猫、黄鼠狼吗？低伏着身子，等待老鼠之类跑出来；东跳西跳，一会上一会下，结果不是掉进捕兽的机关，就是死在猎网之中。后人便使用"跳梁小丑"来比喻猖狂捣乱而成不了大气候的坏人。

# 草木皆兵

出自《晋书》："又北望八公山上，草木皆类人形。"后人简化为成语"草木皆兵"。从字面上看，很好理解，就是一草一木都是士兵的意思。形容人在极度惊恐慌张之中疑神疑鬼，很容易产生错觉，只要风吹草动就以为都是敌人。

## 苻坚草木皆兵

北方的前秦十分强势，虎视眈眈一直想要吞并东晋。公元383年，秦王苻坚率兵南下，号称百万大军，来攻打江南的晋朝。晋军大将谢石、谢玄领兵八万前去抵抗。苻坚得知晋军兵力不足，就想以多胜少，抓住机会，迅速出击。

谁料，苻坚的先锋部队在寿春一带被晋军夜袭，损失惨重，晋军趁势逼近秦军驻地。

苻坚与弟弟苻融登上寿春城楼，远远望见晋军队伍严整，士气高昂，紧张万分的苻坚再北望八公山，看到山上的一草一木，都觉得很像是晋军的士兵。苻坚心中一下充满了失意与惊恐，回过头对弟弟苻融说："晋军这么多士兵，还这么强大，怎么能说他们兵力不足呢？"

他长叹一声，终于后悔自己过于轻敌了。之后双方在淝水决战，前秦军队一败涂地，苻融战死，雄心勃勃的苻坚也受伤逃回北方。

## 应用课堂

"草木皆兵"含贬义，既可用来讽刺，也可用来自嘲。与此类似的有"八公草木""风兵草甲"，都是出自这个故事。

如：他胆儿小，只要一听恐怖故事，大白天都疑神疑鬼的，走在路上，草木皆兵。

## 知 识 拓 展

### 相关成语：投鞭断流

符坚决定出兵南下时，朝中官员劝阻说，东晋政治还算清明，君臣一心，实力犹存，而且有长江天险，易守难攻。符坚不以为然，宣称："以吾之众旅，投鞭于江，足断其流。"只要我一声令下，百万大军把马鞭一齐扔进长江，长江都要被堵塞，还有什么可担心的！后人便以"投鞭断流"来形容军队（或机构）实力强大，人多势众。

### 近义词：风声鹤唳

同样出自符坚的故事。淝水之战中，前秦军队大败，符坚仓皇逃跑，身边一个人也没有，路上听到风声与鹤叫，都以为是晋朝军队在追杀自己。形容人在极度害怕时，听到一点声响就十分紧张恐慌。

# 黔驴技穷

黔：今贵州。技：技能，本领。

语出唐代柳宗元《三戒·黔之驴》，是个寓言故事："黔无驴，有好事者船载以入……放之山下。虎见之，庞然大物也……然往来视之，觉无异能者……稍近益狎，荡倚冲冒，驴不胜怒，蹄之。虎因喜，计之曰：'技止此耳！'因跳踉大，断其喉。"

黔驴技穷，比喻有限的一点本领也已经用完了。

### 黔驴之技，技止此耳

很久以前，贵州这个地方从来没有过驴。一次，有个人从外地运了一头驴来，却又不知道拿它做什么，只好先把它养在山下。

山里的老虎从没见过驴，它看着驴个头很大，以为是什么神兽呢，心里很是害怕，不敢靠近，只是远远地看着。过了些日子，老虎发现这头驴似乎也没有什么本领，就想上前去试试深浅。谁知它刚走近，驴子就嘶吼一声，还将前蹄高高地扬起，老虎吓得落荒而逃，远远地躲起来。

后来，老虎又多次试探驴子，发觉驴子就会叫，也没有其他什么举动。老虎便渐渐胆子大了起来，得寸进尺，伸出爪子碰了驴子一下，驴子大怒，抬起蹄子来就给了老虎一脚，老虎机灵地闪开了。

驴子再踢，老虎再闪，几个回合下来，老虎发现驴子来来回回只有这么几招，心里有了底气。它不再害怕，瞅准机会，一跳而上，一口咬住了驴的脖子。驴嘶吼了几声，便被老虎咬断了脖子，在绝望中死去了。

## 应用课堂

"黔驴技穷"是贬义词，多用于讽刺。

如：生活中不断会遇到困难，乍看上去都声势很大，很能吓唬人。但只要我们勇敢面对，不逃避、不畏惧，困难很快就会黔驴技穷，不足为虑。

## 知识拓展

**近义词：束手无策**

遇到问题，就像手被捆住一样，一点办法也没有。

**反义词：神通广大**

神通：原是佛家语，指神奇的法术。形容本领高超，无所不能。

# 道理篇

## 典故里的美好品质

# 筚路蓝缕

筚路：柴车；蓝缕：破衣服。意思是驾着简陋的车，穿着破烂的衣服去开山辟地。形容创业的艰苦。

出自《左传》："筚路蓝缕，以启山林。"

"筚路蓝缕"，也作"荜路蓝缕"和"荜路蓝蒌"。

## 楚国筚路蓝缕

有一年春天，郑国遭到楚国攻击，无力抵抗，只得向楚国投降求和。当时的晋国想要争取郑国形成联盟，在得到消息后便立即出兵相救。谁知，还没等到晋军渡过黄河，郑国便已屈服，而楚军也准备班师回国了。

面对这种情况，晋军内部出现了截然不同的看法。一派是中军主将荀林父等部分将领，主张停止进军，放弃救郑；另一派是以中军副将先为首的部分将领，则主张继续救郑。为此，两派发生了严重的争执，只得暂驻在敖、鄗（鄗，音hào）二山之间。

郑军看到晋军到来，便派人到晋军营中去解释求和的原因，说是不想亡国才向楚国屈服的，并没有半点对晋国不友好的意思。同时，来人还说："现在楚军轻轻松松就取得了胜利，肯定会因此骄傲而放松戒备。只要你们趁此追击，我们再反戈一击，必定将楚军打得大败。"

这一说法得到了救郑一派的应和。但是荀林父一派的下军副将来书坚决反对。他说："不行！楚国军民历来就具有

'筚路蓝缕，以启山林' 的精神，他们就是靠着艰苦奋斗而强大起来的，又怎么会因此骄傲而放松戒备呢？"

## 应用课堂

"筚路蓝缕" 可用在写创业人物的作文中。

如：没有人能随随便便成功，历来那些开创出一番伟大事业的人，都曾筚路蓝缕，历经生死磨难。

## 知识拓展

**近义词：沐雨栉风**

语出《庄子·天下》："沐甚雨，栉疾风。" 沐：洗头。栉：梳头发。意思是大雨洗发，疾风梳头。用以形容经常在外面奔波劳碌。

**反义词：养尊处优**

语出宋代苏洵《上韩枢密书》："天子者，养尊而处优，树恩而收名，与天下为喜乐者也。" 养：指生活。意为生活在有人伺候、条件优裕的环境中。

# 从善如流

从：听从；善：好的、正确的；如流：好像流水向下，表示迅速。意思是接受善意的规劝和意见，像流水那样畅快而自然。

语出《左传》："君子曰：从善如流，宜哉。"

### 栾书从善如流

春秋时期，郑国为了防御楚国的侵略，便和晋国签订了攻守盟约。公元前585年，郑国不敌楚国的进攻，急忙求救于晋国。晋将栾书奉命前去救援，楚军不敌，退兵回国。

随后，栾书又去攻打蔡国，蔡国不敌，向楚国求救，楚国派兵救蔡。这时，晋国大将赵同和赵括向栾书请战，要打援蔡的楚军一个措手不及。这时，属下智庄子、范文子、韩献子等人分析了具体情况后阻止说，要打败敌人也要光明正大地打，如果这样打败了楚军，也只是胜之不武。

对此，有人认为辅佐栾书的有十一个人，只有智庄子等三人主张收兵，而主战的人占多数，因此应按多数人的想法行事。栾书回答："意见正不正确不能只看人数的多和少，智庄子他们是贤人，他们的意见才是正确的。"于是，他坚持下令退兵回国。

栾书能正确听取部下的意见，得到了很多人的称赞，他们都夸说："栾书听从好的、正确的意见，就像流水向下那样，迅速而又自然。"

## 应用课堂

"从善如流"是一种优秀品质，褒义词。

如：一个人只有做到虚怀若谷，才能更好地进步；做到从善如流，才不会犯大的错误。

## 知识拓展

**近义词：从谏如流**

谏：直言规劝。听从规劝像流水一样自然。形容乐于接受别人的批评意见。

东汉班彪《王命论》："从谏如顺流，趣时如响赴。""趣"同"趋"，"趣时如响赴"是抓住合适的时机就果断出手，如同应声而上。

**反义词：独断专行**

行事专断，不考虑别人的意见。形容作风不民主。

清朝李宝嘉《官场现形记》："在别人一定还要请示督抚；在他却不免有点独断独行，不把督抚放在眼里。"

# 文质彬彬

"文"是文采或者礼节;"质"是内在、品质。既有内在修养,又有文采礼节,表里非常和谐而亲切,这样的人,可以被称为君子。"文质彬彬"多用来形容人举止文雅、有礼貌。

出自《论语·雍也》:"子曰:质胜文则野,文胜质则史。文质彬彬,然后君子。"

## 文质彬彬,然后君子

孔子是我国古代伟大的思想家、教育家。一次,孔子给弟子们讲课,教他们怎样做人才称得上"君子"。孔子说:"质胜文则野,文胜质则史。文质彬彬,然后君子。"

一个人如果光有朴实的品格,而不注重外在礼节,就会显得粗野;如果只讲外在礼节,却不注重朴实品格的培养,则会变得虚浮。只有将外在和内在很好地结合起来,完美融入自身,做到既有朴实品格又有好的外表礼节,这样的人才称得上是有修养的君子。

## 应用课堂

我们今天说,"腹有诗书气自华",强调内在修养对外在形象的影响。"文质彬彬"则强调外在和内在的统一,两者缺一不可,都很重要。后者值得深思,如果光有内在品质,但举止失措、不得体，质胜于文，则仍是不够优秀的。

举例：新来的插班生文质彬彬的样子，一开始让我们有些不习惯，但很快大家就打成了一片。

# 知 识 拓 展

近义词：**温文尔雅**

态度温和，举止文雅。有时也形容人过分谦虚、斯文，而不够血性和激情。

清代蒲松龄《聊斋志异·陈锡九》："此名士之子，温文尔雅，乌能作贼？"这是某名士的儿子，斯文之人，怎么可能做贼？

反义词：**俗不可耐**

形容人庸俗得让人受不了。

蒲松龄《聊斋志异·沂水秀才》："一美人置白金一链，可三四两许，秀才掇内袖中。美人取巾握手笑出曰：'俗不可耐。'"一女子有一块白金，三四两重，秀才见了，偷偷藏进衣袖里，女子因此嘲笑秀才"俗不可耐"。

# 敬恭桑梓

语出《诗经·小雅·小弁》："维桑与梓，必恭敬止。"

敬恭：尊敬，热爱。桑梓：桑树和梓树，古时家宅旁边常栽的树木，比喻故乡。"敬恭桑梓"，即热爱故乡，尊敬家乡人。

### 维桑与梓，必恭敬止

西周末年，有一个贵族家的公子（有人说是周幽王之子）被人谗毁，父亲一怒之下把他赶出了家门。此人四处流浪，一天傍晚，又到飞鸟还巢时分，他看见寒鸦成群结队，欢叫着飞回来，想起自己失去父母的欢心，有家难归，连鸟儿都不如。伤心之下，他写下了《小弁》这首诗。

寒鸦回巢，何等快活，唯有我独自忧伤，不知向谁诉说；荒草阻断了回家的路，流浪的时光催人老，我不由得心痛；看到父母种下的桑梓树，尚且毕恭毕敬，对于父母，我哪敢不敬爱、一直很依恋，但如今却隔阂重重；垂柳如烟，蝉声如嘶，河湾深水，芦苇茂密，我的心儿如小船，茫然不知向何处去；小鹿奔跑，野鸡求侣，只有我的心啊如死树；兔入罗网，有人帮忙解脱，路人倒毙，有好心人掩埋，我的君王（父亲）却对我如此硬心肠；他听信谗言，无视真相，加我罪过，却放过真正有罪的人；但愿有一天，我的君王会改变……

其中"维桑与梓，必恭敬止"，意思简化过来就是"敬恭桑梓"。这句话也是成语"毕恭毕敬"的出处。

## 应用课堂

"敬恭桑梓"是一种美德，我们要表达热爱家乡、热爱家乡一草一木、热爱家乡人这些意思时，就可以应用这一成语。

如：故乡是根，一个人无论走出多远，无论得到多大的富贵，也一定要敬恭桑梓，心怀感恩。

## 知 识 拓 展

### 相关成语：兄友弟恭

做哥哥的对弟弟友爱，做弟弟的对哥哥恭敬。形容兄弟间互爱互敬。

西汉司马迁《史记·五帝本纪》："使布五教于四方，父义母慈，兄友弟恭，子孝，内平外成。"

"义"可理解为公正、合乎道义。父义、母慈、兄友、弟恭、子孝，是古代倡导的五种伦理道德。成语"父慈子孝"也出自这里。

# 董狐直笔

董狐：春秋时晋国的史官。直笔：根据事实，如实记载。"董狐直笔"指敢于秉笔直书、尊重史实、不阿附权贵的历史作家。

典出《左传》："乙丑，赵穿攻灵公于桃园。宣子未出山而复。太史书曰：'赵盾弑其君'，以示于朝。宣子曰：'不然。'对曰：'子为正卿，亡不越竟，反不讨贼，非子而谁？'""孔子曰：'董狐古之良史也，书法不隐。'"

## 董狐的直笔和赵盾的委屈

晋灵公昏庸无道，残害臣民，举国上下为之不安。执政大臣赵盾，多次苦心劝谏，灵公非但不改，反而想杀他，无奈之下赵盾只好出逃。当逃到晋国边境时，听说灵公已被其族弟赵穿带兵杀死，于是返回晋都，继续执政。

太史董狐在记录这段历史的时候，写的是"赵盾弑其君"，表示自己对这件事的看法。

赵盾觉得委屈，辩解说："人是赵穿所杀，怎么把他的罪记在我的头上？你不应该这么写！"

董狐说："你身为执政，国君被杀，你不讨伐杀人者，那你就是主谋，这事我就是死也不会改。"

孔子评论这件事时说：董狐没有错，他是一位好史官，据法直书而不加隐讳；赵盾也没有错，他是一位贤明的大臣，为了法度而蒙受恶语，真是可惜啊！如果赵盾逃跑出了困境，就可以免除弑君之名了。

## 应用课堂

"董狐直笔"可以用来赞美记录事实的人，也可以指秉笔直书这样一种优秀品质。

如：董狐直笔是一种可敬的品德和良心。今天，不管我们是在什么样的岗位上，都应该像董狐那样说真话、做真人。

## 知识拓展

**相关成语：春秋笔法**

指通过对历史材料的取舍，增加和删改，来表示写作者对历史人物和事件的褒贬立场。

语出《史记·孔子世家》："至于为《春秋》，笔则笔，削则削，子夏之徒不能赞一词。弟子受《春秋》，孔子曰：'后世知丘者以《春秋》，而罪丘者亦以《春秋》。'"孔子编辑《春秋》这部书，对原来的材料，认为该加的就加，该删的则删。加和删的标准，孔子主张"为尊者讳，为亲者讳，为贤者讳"，就是孔子认为他们是大人物、亲人、好人，即使他们干了坏事，也要写得好看一些。对孔子的这种做法，有人赞赏，有人批评。

# 洛阳纸贵

字面意思是洛阳的纸价一下子高涨起来。为什么会高涨呢？因为左思写了一篇《二都赋》，写得太漂亮了，锦绣华章、字字珠玑，人人都想抄写一份放在家里，以便日夜赏读。需求量太大，以至于抄写用的纸张都涨价了。后世用"洛阳纸贵"来形容文章、著作写得好，有价值，流传广。

出自《晋书·左思传》："（左思造《三都赋》成）于是豪贵之家竞相传写，洛阳为之纸贵。"

### 十年构思，洛阳纸贵

《晋书》记载，西晋人左思，小时候上书法班，书法没学好；上乐器班，乐器演奏也不好。父亲很失望，说："左思跟我小时候比，真是差远了。"

左思听了，心里很难受。他本就长得有点丑，口齿笨拙，有些自卑，但他文章写得好，很有文采。被父亲这么一说，左思暗下决心，要在写作上做出突出成绩，有朝一日，终能扬眉吐气。

从此，左思发愤读书和写作。在他洛阳的家里，到处都备着笔和纸，一想到什么好词妙句，就马上记录下来。这一年，左思决定开始构思《三都赋》。所谓"三都"，是指三国时的魏都邺城、吴都建业、蜀都成都，写其城市，更是写三国的故事。

但是这一构思，就是十年。十年里，左思少有与人交游，一心扑在著述上。最终《三都赋》完成，获得了巨大成功。名流文人为之作序推荐，读过的人都赞赏不已。同样也是著名文学家的陆机，当初听说左思在写《三都赋》时，还言语嘲笑他；等读到作品，赞不绝口。

那时印刷术不发达，人们读书要抄写。洛阳人听说有这样一篇绝妙好文后，竞相抄写，以至于洛阳纸贵。

## 应用课堂

"洛阳纸贵"是文学传播史上一次值得纪念的盛事，令无数创作者神往不已。

这个成语现在多用来赞美一个人的作品有价值。如：您这部作品构思精巧、气势磅礴、文采斐然，真是要么不出手、出手必惊人啊。一旦发表，必将万人争读，洛阳纸贵。

## 知识拓展

**近义词：有口皆碑**

字面意思是所有人的嘴都是活的记功碑。指作品或行为得到人们一致称赞。

出自宋代释普济《五灯会元》："劝君不用镌顽石，路上行人口似碑。"做了好事，不用想着镌刻在石碑上，百姓心中有一杆秤，会清楚记得一个人的好与坏。

**类似词语：万人空巷**

家家户户的人都从巷子里出来，聚集在一起。形容庆祝、欢迎等盛况。

出自苏轼《八月十七复登望海楼》诗："赖有明朝看潮在，万人空巷斗新妆。"描写万人空巷，聚集在江边观潮的景况。

# 诟如不闻

诟：辱骂。意思是被人辱骂却好像没有听见一样，不动声色。形容宽宏大量，有涵养。

## 富弼诟如不闻

富弼是北宋名臣。小时候的富弼，是个品学兼优的好少年，不仅努力学习，满腹才学，而且心胸开阔，不为世事所扰。

一次，有个妒忌富弼才学的人，在路上遇到富弼，就指名道姓地辱骂他。但富弼好像没有听见一样，仍然安定自若地走自己的路。旁人看不下去，便告诉富弼说："刚才那人在骂你哩。"

富弼说："不会吧，我没有惹他，他为何要骂我？肯定是你听错了。"

旁人又告诉他："我分明听到他在指名道姓地骂你！富弼不就是你的名字吗？"

富弼仍不以为意，他说："不会的。这个世界上叫富弼的肯定不是只有我一个人，他一定是在骂别人。既然别人没听到，那就当这件事没有发生吧。"

其实富弼并不是毫无原则的"老好人"。少年时别人骂他，他故意不理，只是不想将宝贵的时间浪费在无聊的争论上而已。后来他在朝廷做了官，遇到大是大非的问题，富弼则态度坚决，据理力争。

宋仁宗时，契丹兴兵南侵，要求宋朝割让领土。富弼奉命去和契丹谈判，这位以"宽宏大量"著称的人物，却坚决拒绝了契丹的无理要求，并且把或战或和的利害关系，分析得很有道理。契丹无奈，只得把兵撤了回去。

## 应用课堂

使用举例：

她刚当上班长的时候，有些人嫉妒她，明里暗里给她使绊子，还说些阴阳怪气的话，但她诟如不闻，以实际行动赢得了大家的认可。

## 知识拓展

### 近义词：宽宏大量

形容度量大，能容人。

元代无名氏《鱼樵记》："我则道相公不知打我多少，原来那相公宽宏大量。"

### 反义词：小肚鸡肠

比喻器量狭小，计较小得失，不顾全大局。

当代作家刘绍棠《鱼菱风景》："'正大，不要小肚鸡肠……'吴钩轻声低语。"

# 阳春有脚

　　字面意思是温暖的春天长了脚——很美好、暖人的意象，用来赞誉贤明的官员。如宋代杨万里《送吉守赵山父移广东提刑》："阳春有脚来江城，银汉乘槎移使星。"

　　"阳春有脚"的典故出自五代王仁裕《开元天宝遗事》："宋璟爱民恤物，朝野归美，时人咸谓璟为'有脚阳春'，言所至之处，如阳春煦物也。"

### 阳春有脚百姓福

　　宋璟，唐朝前期有名的宰相之一。宋璟生性刚正，不畏强权，唐中宗的时候，他身为谏议大夫，因为直言劝谏被贬为刺史，下到地方为官。宋璟不愧是个好领导，秉承为官一任造福一方的宗旨，为政清廉，敬业爱民。每到一处，他总是尽力为当地百姓做好事。在他的治下，社会安定，官场清明，人民安居乐业。

　　宋璟的努力赢得了一致好评，老百姓都喊他为"有脚阳春"。因为他就如一缕春风，无论走到哪里，哪里就会有如春风煦物一般，让人倍感温暖。

　　唐玄宗时，宋璟被任命为宰相。在他和另一位宰相姚崇的合作治理下，唐朝政治安定，社会繁荣，出现了"开元盛世"。

　　相传，宋璟还与现在的端午节有关。唐玄宗时，端午节叫"端五节",因为端五节是五月初五,正好唐玄宗的生日是八月初五,为了避讳,宋璟便提议将"端五节"改称"端午节"。按照地支推算,五月即为午月,而"午"又与"五"同音,所以有此提议,并正式确定下来。

## 应用课堂

春天长着双脚,就像天使长着翅膀,这是非常神奇的想象。在使用中,"阳春有脚"可以用其字面意思,也可以用来赞美老师等。

如:大自然的神奇之处真是令人惊叹,所谓万物有灵、阳春有脚。阴寒天气才刚刚过去,没几天工夫,山上、树上、田野、水中,就出现了一派绿意盎然、生机勃勃的景象。

## 知识拓展

**近义词:春风化雨**

指适宜草木生长的风雨,引申为良好的熏陶和教育。

出自《孟子·尽心上》:"君子之所以教者五:有如时雨化之者,有成德者,有达财者,有答问者,有私淑艾者。此五者,君子之所以教也。"君子教育人的方式有五种,其中之一就是像及时雨那样滋润人。

# 两袖清风

"两袖清风"，意思是两个袖子里除了清风之外，其他什么都没有。比喻为官清廉，不贪国家和人民一分一毫。

这个词在元代魏初《送杨季梅》诗中出现过："交亲零落鬓如丝，两袖清风一束诗。"

但它作为典故，与明朝名臣于谦有关。

### 于谦两袖清风

明朝多宦官，皇帝又不爱管事，所以宦官干政特别严重，隔一段时间就会出现一个权力特别大的宦官。正统年间，最受皇帝信任的宦官是王振，他在朝堂上一手遮天，官员想升官，要给他送礼；官员要免祸，也要给他送礼。有些官员甚至还公然认王振为干爹，充当王振的打手。

于谦是一个例外。于谦在外地为官，每次到京城出差，从不给王振送礼，不少同僚都替他担心。

一次，于谦又要进京，一名同僚劝他："老兄你也真是的，就算舍不得送真金白银，也该给王振送些土特产什么的，再不济就是送点线香、蘑菇或者手帕之类的小东西也行啊。"

于谦抬起自己的双袖，笑着说："我带着呢。"

同僚很惊奇，忙问带了什么好东西。于谦甩甩双袖，说："看，带了两袖清风！"于谦的特立独行终于还是给自己惹来了祸端。因为没给王振送礼，于谦被诬陷，打入天牢，即将处以死刑。经过很多人的营救，于谦幸免于难，才得以继续为官。

对于行贿这件事，于谦写过一首《入京诗》："绢帕蘑菇与线香，本资民用反为殃。清风两袖朝天去，免得闾阎话短长。"诗以言志，不仅表达了自己不趋炎附势的心志，也表达了体恤百姓的情怀。

从此，"两袖清风"这一成语便流传了下来。

于谦还有一首诗，被选入过《语文》课本。诗名很普通，叫《石灰吟》："千锤万凿出深山，烈火焚烧若等闲。粉身碎骨浑不怕，要留清白在人间。"于谦这种洁身自好的品格得到了后人的敬仰。

## 应 用 课 堂

成语"两袖清风"多用来称颂担任某种职位、掌握一定权力的人清正廉洁的品行。

如：老校长一辈子清正廉洁、两袖清风，值得我们敬重。

## 知 识 拓 展

### 近义词：洁身自好

语出《孟子·万章上》："归洁其身而已矣。"形容一个人保持自身纯洁，不同流合污。也指怕招惹是非，只管好自己，不关心公众事情。有"各人自扫门前雪"的意思。

**近义词：冰清玉洁**

　　语出东汉桓谭《新论·妄瑕》："伯夷叔齐，冰清玉洁，以义不为孤竹之嗣，不食周粟，饿死首阳。"伯夷、叔齐是古代的两位圣贤，他们像玉那样纯洁，像冰那样清白，商朝灭亡后，两人发誓不吃周朝的粮食，只吃山上野菜，最后饿死。"冰清玉洁"形容一个人心地纯洁、品行端正。也用来形容女子的清纯秀丽。

# 凤毛麟角

凤毛麟角，字面意思是指凤凰的毛和麒麟的角。作为成语，形容那些难得而又珍贵的人或物。

"凤凰"和"麒麟"都是中国古代神话传说里的神奇动物，前者有百鸟之王的美称，后者更是被古人视为神灵。由此可见，它们本就是十分稀有的动物，因而"凤毛"和"麒麟角"就更显得罕见而珍贵了。

### 杰出之士如凤毛麟角

南朝刘义庆《世说新语》中说："王敬伦风姿似父，作侍中，加授桓公。公服从大门入，桓公望之曰：'大奴固自有凤毛。'"王敬伦即王劭，是名臣王导的儿子。王劭气度不凡，有乃父风范，故而桓温称赞他"自有凤毛"。

《南史·谢超宗传》中也有"凤毛"一说。"超宗殊有凤毛。"这是孝武帝夸谢超宗的话。《夜航船》载，有一次，谢灵运与人一起喝酒，说了这样一句话："自魏晋以来，全天下文人学士共有十斗才，曹操的儿子曹子建独占了八斗，另外两斗中，我占了一斗，其他所有人共分一斗。"这个谢灵运是谢超宗的爷爷。可想而知，有这样的家学渊源，谢超宗能得到"凤毛"之誉也就不足为奇了。当时的右将军刘道隆听说后，误以为这"凤毛"真是什么稀世的宝贝，就赶到谢家去寻找，可是找了半天也没发现什么。

"麟角"一词，出自《北史·文苑传序》。"学者如牛毛，成者如麟角。"意思是说，世界上所谓的学者比牛毛还多，但是真正有成就的却比麟角还要稀少。

"凤毛"和"麟角"都是稀罕之物，组合起来便有了成语"凤毛麟角"。

## 应用课堂

"凤毛麟角"形容极其难得而宝贵的人或物。

如：以前山里孩子能读大学的几乎是凤毛麟角，现在可说是比比皆是了。

## 知识拓展

**近义词：吉光片羽**

比喻残剩极少的珍贵物件。

如清代李绿园的小说《歧路灯》："祖宗诗文，在旁人观之，不过行云流水，我们后辈观之，吉光片羽，皆金玉珠贝。""吉光"是古代神话中的神兽，"片羽"指的是一片羽毛。传说用吉光神兽的毛皮做衣穿，可有入水不沉、入火不焦的神奇功效，这样的无价之宝自然珍贵无比。

**近义词：寥若晨星**

南朝齐谢朓《京路夜发》："晓星正寥落，晨光复映漭。"

唐代韩愈《华山女》诗："黄衣道士亦讲说，座下寥落如明星。"意思是数量稀少。

## 语文加油站

### 碑痴欧阳询

书法家欧阳询，一次在路边看到一块古碑，上面刻着西晋书法家索靖的字，就停下马，坐在马上观看，很久才离去。走了几百步，又跑回来，这回是下了马，站在一边看；累了就铺上毯子，坐着看；最后睡在碑旁过夜，一连看了三天才离开。

# 韦编三绝

韦编：用熟牛皮绳把竹简串联起来。三：概数，表示多次。绝：断。意思是说，穿起竹简的皮绳断了多次。比喻读书勤奋。

语出《史记·孔子世家》："读《易》，韦编三绝。"

### 孔子读《易经》

春秋时代的书，不像现在是用纸张印刷装订而成的。那时候还没有发明出纸张，所谓的书其实都是竹简：把竹子破成一根根竹片，用火烘干后在上面刻字。

一支竹简只能刻一行字，多则十几个，少则几个。所以一部数千字的书，就要用许多竹简才能刻完，然后将它们按顺序编好，用绳子穿起来，就成了一册"书"。竹简编成的书，竹简数量既多，还很沉重，阅读的时候其实是很累人的。但孔子非常热爱读书，他花了很大的精力，把《易经》一书来回阅读、琢磨，吃透其中的意思，并生发出自己的见解。由于反复阅读，以至于把串联竹简的牛皮带子也磨断了几次，不得不多次换上新的牛皮带子。就这样，孔子经过对《易经》的反复阅读和深入研究，先后写成十篇心得体会文章，取名《十翼》，被后人附在《易经》的后面，成为原书补充的一部分。

即使读书勤奋到了这样的地步，孔子还是非常谦虚。他说："假如让我多活几年，我就可以完全掌握《易经》的精髓了。"

## 应用课堂

"韦编三绝"和"头悬梁，锥刺股"等都表现一个人读书的勤奋，但是前者更巧妙，不直接说读书的人如何刻苦，而用所读之书的绳子都断了很多次这一现象，从侧面来点明读书之勤。

举例：爱护书籍和把书读烂，两者并不矛盾，孔子读《易经》韦编三绝的精神，值得我们学习。

## 知识拓展

**近义词：牛角挂书**

字面意思是说，在牛的角上挂着一卷书。比喻读书勤奋。

语出《新唐书·李密传》："闻包恺在缑山，往从之。以蒲鞯乘牛，挂《汉书》一帙角上，行且读。"隋朝末年，李密很爱读书，他骑着牛，出门在外，为了不耽误读书，就把正在读的《汉书》挂在牛角上，边赶路边看书。

# 焚膏继晷

焚膏继晷：音fén gāo jì guǐ，其中"晷"，指时间、时光。晚上点着油灯，继续白天的工作。所以"焚膏继晷"是形容夜以继日地勤奋学习、工作等。

出自唐代散文大家韩愈的《进学解》："焚膏油以继晷，恒兀兀以穷年。"意思是每天夜以继日，年年辛勤劳苦。

### 韩愈的牢骚

韩愈曾经在国子监任职多年，写下了很多教育方面的出色名篇，如《师说》，其中"师者，传道授业解惑也""弟子不必不如师，师不必贤于弟子，闻道有先后，术业有专攻"等名句，千古流传。

这篇《进学解》，也是韩愈的名篇之一。

课堂上，韩愈教育学生们："业精于勤，荒于嬉；行成于思，毁于随。"所以同学们一定要努力，时刻注意磨砺自身的学问和品行。只要有真本事，一定能受到重用，有机会为国家贡献力量。

但是，一位学生站起来质疑说：老师您骗人，我看您每天手不释卷，钻研典籍，"焚膏油以继晷，恒兀兀以穷年"，天黑了点起灯继续苦读，一年到头勤奋用功，学问不可谓不高，品行不可谓不好。但是呢，日子仍然过得这么艰难：在仕上动辄得咎，做官总是被贬，教书几年了，连家人的生活都照顾不好。

——是韩愈不懂学生说的这些吗？韩愈当然知道，但是他认为，宁可穷于一时，也要做出成绩来，以有益于人类社会。这篇文章里，韩愈借老师与学生的对话，表达了对有才不得用的社会现实的批评，以及对自己怀才不遇的失落。

## 应用课堂

"焚膏继晷"也写作"继晷焚膏""燃膏继晷"，意同"夜以继日"。

如：哥哥是我们家的小书迷，最爱读各种科普读物，每次买了关于外星人知识的新书回来，除了吃饭的时候，其他时间准是在捧着书看，焚膏继晷，乐在其中。

## 知识拓展

### 近义词：凿壁偷光

在墙上钻一个孔，借邻居家的灯光来读书。形容家里穷，千方百计创造条件来读书的情况。

这个故事的主人公是西汉匡衡。出自《西京杂记》："匡衡字稚圭，勤学而无烛，邻舍有烛而不逮。衡乃穿壁引其光，以书映光而读之。"

同样的还有"囊萤映雪"。

# 程门立雪

程门：程家（程颐）的门庭。立雪：在雪地里站着。意思是为了求学，大雪天在老师家门前站着，站成一个雪人。比喻求学心切，也用来表示对有学问长者的尊敬。

语出《宋史·杨时传》："见程颐于洛，时盖年四十矣。一日见颐，颐偶瞑坐，时与游酢侍立不去。颐既觉，则门外雪深一尺矣。"

## 杨时程门之雪

程颐，北宋著名理学家、教育家。曾与其胞兄程颢在周敦颐门下求学，并共创"洛学"，奠定了理学基础。

进士杨时，对程颐十分敬重和仰慕，想要拜他为师。

一次，杨时与朋友游酢一起到程家去拜见程颐，恰遇他正在睡觉。屋外开始下起了大雪，杨进和游酢不敢打扰程颐休息，就一直在庭院里恭恭敬敬地站着等候老师睡醒。雪继续下，地上积雪厚达一尺，两人还在雪地里一直站着，站成了雪人。

程颐睡醒后，看见外面站着两个雪人，吓了一跳，待弄明事情原委后，程颐感动不已，对这两个年轻人十分赞赏。

在程颐的悉心教导下，后来杨时也成为天下有名的大学者，被称为"程学正宗"，世称"龟山先生"。

"程门立雪"的故事成为尊师重道的千古美谈。

## 应用课堂

"程门立雪"多用于和教育、求学相关的文章中。

如：今天不需要人们刻意去"程门立雪"，但这样的精神不能丢。一个具有"程门立雪"精神的人，同样是值得尊敬的。

## 知识拓展

### 近义词：尊师重道

尊敬师长，重视老师的教导。道：指应该遵循的道理，也指教师传授的知识。

语出《后汉书·孔僖传》："臣闻明王圣主，莫不尊师贵道。"尊师重道是我国自古以来的优良传统，古人把"天地君亲师"称为"五圣"，老师是和天、地、皇帝、祖宗并列的存在。

### 反义词：班门弄斧

比喻在行家面前卖弄本领，不自量力。班：指春秋时期的神奇工匠鲁班。

唐朝柳宗元《王氏伯仲唱和诗序》中说："操斧于班、郢之门，斯强颜耳。"北宋欧阳修《与梅圣俞书》中也有："昨在真定，有诗七八首，今录去，班门弄斧，可笑可笑。"都是表达一种自谦：我就好比在鲁班门前舞弄斧子，贻笑大方了。

# 呕心沥血

呕：吐。沥：一滴一滴。比喻用尽心思。多形容为事业、工作、文艺创作等用心的艰苦。

语出唐代李商隐《李长吉小传》："是儿要当呕出心乃已尔。"李长吉，即诗人李贺。

唐代韩愈《归彭城》说的也是李贺："刳肝以为纸，沥血以书辞。"

### 李贺呕心沥血著华章

历史上，为了诗歌创作呕心沥血的诗人很多，唐朝的李贺算一个。

李贺，字长吉，才华横溢，少年成名，七岁就开始写诗做文章。成年后，用同是唐代文学家韩愈"刳肝以为纸，沥血以书辞"这两句诗来形容，最为恰当不过了。这两句诗的意思是，挖出心肝来当纸，滴出血来写文章，真正当得了"呕心沥血"这四个字。也正是如此，李贺26岁就英年早逝，留下了用毕生的心血凝成的240余首诗歌。

李贺少年成名，有心仕途，一心希望得到朝廷重用，然而事与愿违，一生都是郁郁不得志，只好将满腔激情倾注在诗歌的创作上。

李贺潜心诗歌，灵感很多，所以他每次外出时，都会在马背上放一个装有文房四宝的布袋子，任何时候只要有了什么想法，一个句子也好，一个短语也好，都马上记录下来，放进布袋子里，回家后再重新整理。

李贺体弱，身体本就不好，加之用心于诗歌，太过劳神，这也是他英年早逝的原因。

## 应用课堂

"呕心沥血"是褒义词，多用于赞美。

如：这个班是以前的差生班级，学生底子差，各种问题都层出不穷，为了改变这种状况，提高全班学生的成绩，班主任可谓是呕心沥血，熬白了头发。

又如：钟南山院士呕心沥血为人民的健康操劳，如今八十多岁了还奋战在抗疫第一线。

## 知识拓展

**近义词：搜索枯肠**

搜索：搜查、仔细寻找。枯肠：比喻才思枯竭。

唐代卢仝《走笔谢孟谏议寄新茶》："三搜枯肠，唯有文字五千卷。"意思是写作时冥思苦想。

**反义词：无所用心**

一点都不用心。指不动脑筋，什么事情都不关心。

语出《论语·阳货》："饱食终日，无所用心，难矣哉。"整天吃得饱饱的，什么事也不做，什么事也不想，这种日子真是太难了。

# 虚左以待

　　虚：空着，留着。左：左边位置，古时以左位为尊。留着左边的尊位，恭候客人。表示对来人的尊敬、看重。

　　语出《史记·魏公子列传》："公子于是乃置酒大会宾客。坐定，公子从车骑，虚左，自迎夷门侯生。"

### 虚左以待，求贤若渴

　　战国时期，赵国平原君、齐国孟尝君、魏国信陵君、楚国春申君，合称"战国四公子"。四人都爱才好客，身边聚集了众多门客，在诸侯间都拥有很高的声望。

　　魏国有个叫侯嬴的人，七十多岁了，家境贫寒，是魏国国都大梁城东门的看门人。信陵君魏无忌听说此人见多识广，品行高洁，是个隐士，特意派人去拜见，并送上厚礼。但是侯嬴没有接受，他说："我就是一个看门人而已，不能因为穷困，就无缘无故接受公子的财礼。"

　　听到回报后，魏无忌也没说什么。这天，魏无忌宣布大摆酒席。等客人都来得差不多了，魏无忌坐上马车，空出车子上的左位，带着一群随从人员，亲自到东城门去迎接侯嬴。侯嬴见到魏无忌驾临，毫不惊慌，从容地登上马车，坐到特意为他空出的尊贵座位上。车上，侯嬴又对魏无忌说："我有个朋友在那边的屠宰场做事，正好借公子的车，载我去拜访他。"魏无忌二话不说，之即驾车送侯嬴前往。到了地方，侯嬴下车和他的朋友见面，闲聊了很久，一点也不在意魏无忌就在边上等候。

这些都是考验，魏无忌面色自如，始终恭敬。侯嬴对此很满意，后来，侯嬴和他的这位朋友也确实为魏无忌立下了大功。

## 应用课堂

"虚左以待"现多用于表达对人才的热切盼望之情。

如：对你这样的高层次人才，我们始终虚左以待，你能前来，是我们的荣幸！

## 知识拓展

**近义词：虚位以待**

也作"虚席以待"。留着位置等待，比喻期待人才。

如明代冯梦龙《东周列国志》："宁可虚位以待人，不可以人而滥位。"

"不可以人而滥位"，即成语"宁缺毋滥"的意思，指选拔人才或挑选事物，宁可缺少、空着，也不要为凑数而降低标准。

# 中 流 砥 柱

中流：河流中心。砥柱：指黄河中心的一座石山。像屹立在黄河激流中的砥柱山一样。比喻能力突出，在关键时刻起到顶梁柱作用的人。也作"砥柱中流"。

语出《晏子春秋》："吾尝从君济于河，鼋衔左骖，以入砥柱之中流。"是说我曾随国君驾车渡过黄河，遇到一只鼋，拖着马车潜入砥柱附近的激流中。这里"砥柱中流"指的是本来意思。

### 中流砥柱显英雄

砥柱山是黄河险峻处的一座山，任凭水流湍急、惊涛骇浪，砥柱都岿然不动，千百年来不退不减，成为黄河航道上的一处著名标志。

相传，砥柱山形成于上古时代，大禹治水时，见砥柱山堵塞了河道，便在山两侧加宽河道，使河水从砥柱山两侧分流而过。之后不断变化，遂形成了"砥柱中流"的天险奇观，令人叹为观止。无数人曾为此留下赞颂的诗篇。

唐太宗李世民也曾来到这里，写下了"仰临砥柱，北望龙门，茫茫禹迹，浩浩长春"的诗句，由大臣魏徵书写后勒刻在砥柱上。著名书法家柳公权也有一首长诗，其中有"孤峰浮水面，一柱钉波心"这两句，非常形象地描写出了砥柱山屹立于激流之中的情景，画面感极强，一个"钉"字，也生动地展现出了砥柱山迎难而上的强大力量。后世便以"中流砥柱"来赞美那种力挽狂澜、起到关键作用的人物。

## 应用课堂

"中流砥柱"是对人物的赞美，在使用中要注意一个前提，那就是所赞美的人物应该是团队中的"主心骨"或事件中起关键作用的人。

如：在新型冠状病毒肺炎疫情防控中，我们的医务人员发挥了中流砥柱的作用。

## 知 识 拓 展

**近义词：架海金梁**

架在海上的金桥。比喻身肩重任的栋梁之材。

元代无名氏《黄鹤楼》："想周瑜破了百万曹兵，他正是擎天玉柱，架海金梁。"

**反义词：独木难支**

隋代王通《文中子·事君》："大厦将颠，非一木所支也。"高楼要倒了，光靠一根木头是支不住的。比喻一个人的力量单薄，维持不住全局。

# 激浊扬清

激：冲去；浊：脏水；清：清水。意思是冲去污水，扬起清水。比喻清除坏的，发扬好的。

语出《尸子·君治》："扬清激浊，荡去滓秽，义也。"去污扬清，洗涤掉渣子和脏东西，这是正义的事。

## 激浊扬清岂能夸口

西晋时期，有个叫牵秀的人，年轻时读了不少书，口才很好，能言善辩，性格也豪爽，很讨人喜欢，受到当时大人物们的赏识，推荐他做了官，俨然朝中新贵。

可能正是因为少年得志，牵秀自视甚高，总觉得自己如何如何，看不上别人做的工作。有人批评贪官污吏，义愤填膺。牵秀在边上看见了，立刻"入戏"，夸口说："这也就是我没做上大官。如果我做上了督察百官这般地位的官，一定会激浊扬清，像冲洗垃圾那样对付坏的官员，同时大力提拔和奖励好官。如果我做上了军事主官，一定会像历代名将名帅那样，建立不世功勋。"

有这样的决心和志向是好的，但是光说不做，就会成为笑话。

"八王之乱"发生后，晋惠帝任命牵秀为尚书。大权在握后，牵秀既没有在监察百官上有什么表现，也没能在军事上有任何成就，不但不能激浊扬清，反而有趋炎附势的嫌疑，在"八王"之间攀附、奔走，最后死于内乱。一生声名不显，功绩全无。

## 应用课堂

"激浊扬清"是并列式结构，作褒义词用。

如：年轻人要培养正确的价值观，要常有一股正气在心头，敢于惩恶扬善，敢于激浊扬清，我们生活的世界才会越来越好。

## 知 识 拓 展

### 近义词：隐恶扬善

隐：隐匿；扬：宣扬。

《礼记·中庸》："舜好问而好察迩言，隐恶而扬善。"舜很有智慧，喜欢向人提问，从别人的回答中获得自己想要的信息，同时不谈人的坏处，光宣扬人的好处。

### 反义词：讳疾忌医

讳：避忌；忌：怕，畏惧。隐瞒疾病，不愿医治。比喻怕人批评而掩饰自己的缺点和错误。

宋代周敦颐《周子通书》："今人有过，不喜人规，如护疾而忌医，宁灭其身而无悟也。"有了过错却怕被人规劝，就像生了病却不敢看医生一样，宁肯酿成大错以至于身败名裂也不能醒悟。

# 栉风沐雨

大雨洗发，疾风梳头。形容工作辛劳，经常吹着风、淋着雨地在外奔波。

语出《庄子·天下》："沐甚雨，栉疾风。"

## 大禹治水，栉风沐雨

远古时代，神州大地上洪水泛滥。那时没有科学技术，人类生产力低下，对付洪水没有任何办法，只能遇水即逃。很多人逃跑不及，便被洪水冲走，无数老百姓流离失所。

对于这种情形，尧帝非常焦急，他决心消灭水患，到处寻访可以治理洪水的能人。一开始，他找到了鲧。鲧带领人们移山筑坝，想把洪水堵起来。但九年过去了，这个办法并没有奏效，洪水带来的灾难并没有因此减少。鲧因此获罪，被处死。

舜帝上台后，仍然决心消灭水患。有人推荐了鲧的儿子禹，于是舜任命禹开始治水。

禹汲取了父亲治水失败的教训，改变作战方法，他疏通河道，让河流之间互相连通。这一次，用了十三年，但效果显著。洪水沿着河道而去，最终流向大海。人们只要加固河边的堤坝，就可以在沿河附近建立村庄，开垦农田，安居乐业。

《庄子·天下》记载大禹治水的时候，"沐甚雨，栉疾风……而形劳天下也如此"，为治理洪水日夜操劳。

成语"栉风沐雨"便出自此，也作"沐雨栉风"。

## 应 用 课 堂

"栉风沐雨"，通俗地说就是风里来、雨里去。

举例：父亲是一名出租车司机，每天都要开着车出去拉活，一年到头都是栉风沐雨，节假不休，非常辛苦。

## 知 识 拓 展

**近义词：披星戴月**

披着星光，头顶月亮，比喻早出晚归地劳作。"披"和"戴"两个词非常生动，富有想象力。

《幼学琼林》中说："戴月披星，谓奔驰于早夜；栉风沐雨，谓劳苦于风尘。"把"披星戴月"和"栉风沐雨"并列，都可用于形容工作辛劳。

# 智慧篇

## 学习做人和做事

# 隋珠弹雀

隋珠：即隋侯之珠，传说中的夜明珠。用珍贵的夜明珠去弹鸟雀，这当然是典型的败家子行为。比喻做事不知轻重，用最珍贵的东西去换最普通的东西，结果得不偿失。

语出《庄子·让王》："今且有人于此，以随（隋）侯之珠，弹千仞之雀，世必笑之。是何也？则其所用者重，而所要者轻也。"

## 知识拓展

**近义词：明珠投暗**

又作"明珠暗投"，把闪闪发光的珍珠投到黑暗的地方。比喻好东西落入不识货人的手里。也比喻有才能的人得不到重视。类似的还有"明珠蒙尘"。

《史记·鲁仲连邹阳列传》："臣闻明月之珠，夜光之璧，以暗投人于道路，人无不按剑而眄者，何则？无因而至前也。"把明珠、宝物偷偷扔到行人跟前，因为它太贵重了，无端出现，行人看见了，反而不敢轻易上前捡起来。

**反义词：亡羊得牛**

丢掉羊，得到牛。语出《淮南子·说山训》："亡羊而得牛，则莫不利失也。"比喻损失小而收获大。

## 以性命博富贵，如隋珠弹雀

有个叫颜阖的人，非常贤明。鲁哀公想请他出来为自己做事，就派使者给他送去重礼。

鲁哀公的使者到来的时候，看到一个破旧的房子旁，一个穿着粗麻衣裳的人正在喂牛。使者问："喂，这儿是颜阖的家吗？"

这人回答说："是的，这就是我的家。"

原来这个穷汉子就是颜阖。使者说明来意，并将国君礼物送给颜阖。

颜阖坚决不肯接受，使者只好带着礼物走了，可是不一会儿又返回来，将礼物留下，并说："请你无论如何都得收下，不然我回去交不了差。"见颜阖还是不肯收，就把东西放下就走。

庄子就此事发表感慨，他说：颜阖无意于富贵，富贵送上门，他却不要，这样的人太难得了。而很多世俗君子，与颜阖恰恰相反，他们为了追求富贵，宁愿冒着生命危险，岂不悲哉！如果有一个人，拿着"隋侯之珠"当弹丸，去射飞得很高的鸟雀，旁人见了，一定会笑话他是个大傻瓜。

为什么呢？因为他用贵重的珍珠，去打价值轻贱的鸟雀，这注定是得不偿失。那么，用生命去求富贵，不就是同样的道理吗？生命难道不该比富贵贵重得多吗？

## 应用课堂

成语"隋珠弹雀"蕴含的道理在字面之外，学习其成语的出处，才能明白其中的真意。

如：少年是成长最重要的时光，如果不懂得珍惜，只会贪图玩乐，白白浪费了光阴，那就无异于隋珠弹雀，得不偿失。

# 白龙鱼服

意思是白龙变化成鱼，在外行走。比喻帝王或大贵之人隐藏身份，微服出行。

东汉张衡《东京赋》中有一句："白龙鱼服，见困豫且。""豫且"是一个渔夫的名字，这个故事出自西汉刘向《说苑·正谏》。

### 白龙鱼服，祸事自召

刘向在他的书中记载了这样一件事。

春秋末期，吴国兵力强盛，治下太平。一天，吴王无事，突然心血来潮，想打扮成普通老百姓，跟市民们混在一起聚众喝酒。

吴王把这个想法跟身边人一说，大臣伍子胥当即表示反对，他讲了一个故事。

传说有一条白龙，看到一群鱼在游来游去，一块儿找食物，一块儿做游戏，休息的时候也在一块儿。白龙很羡慕它们的快乐，反观自己总是孤零零的，于是白龙变化为一条鱼，悄悄混进鱼群里。

玩了一阵，白龙确实玩得很开心。但是意外发生了，有个叫豫且的渔夫，一竿子猛然刺中了白龙的眼睛。白龙痛得直打滚，它不敢擅自惩罚这个渔夫，但心有不甘，于是告状到天帝那里。

天帝听说了整个经过，对白龙说："你既然已经变化为鱼，渔夫抓鱼，那是理所应当。豫且只是做了他可以做的事情，能有什么过错呢？"

伍子胥讲完故事，对吴王说："白龙身份何其尊贵，豫且身份何其低贱。但是当白龙变化为鱼后，渔夫豫且伤了它，连天帝都认为豫且没有错。如今国君您隐藏自己的身份，和底层百姓一块饮酒，我很担心您会遇上同样的事情！"

吴王听了后，放弃了微服出行的想法。

## 应用课堂

成语"微服私访"，指帝王或官吏穿上平民衣服，以调查民情、了解真相。

"白龙鱼服"和"微服私访"意思类似，都是指大人物故意隐藏身份。普通人做了同样的事情，一般不用这两个成语来形容。

## 知识拓展

近义词：**扮猪吃虎**

猎人装扮成猪，逗引老虎靠近后，杀死老虎。比喻明明很有实力，却装扮成很弱的样子，以迷惑对方，趁机赢得胜利。

**近义词：衣锦夜行**

穿着华丽的衣服在黑夜里行走（显示不出衣服的价值）。比喻不能在人前显示自己的富贵。

出自《史记·项羽本纪》："富贵不归故乡，如衣锦夜行。"

# 臧谷亡羊

出自《庄子·骈拇》："臧、谷二人牧羊，臧挟策读书，谷博塞以游，皆亡其羊。"意为不管动机如何，结果办成坏事的性质都是一样的。比喻不专心于自己所从事的本职，致使工作受到损失。也用来比喻单靠主观热情，而不顾事物的固有特性，结果会好心办成坏事。

### 臧谷虽殊竟两亡

臧和谷都是牧羊人。有一天，他们两个人一起出去放羊，结果将羊全都丢了。别人问他们丢羊的原因，两人都说出了自己的理由。

臧说："我放羊就带了本书去读，一下入了迷，忘记了照看羊，待想起的时候，羊就不见了。"

谷说："我去放羊，一个人实在无聊，看到有人在掷骰子赌博，一下没忍住，也去跟他们玩了。待玩完掷骰子再去看羊，就再也找不到了。"

按理说，一个人喜欢读书是好事，而沉迷于玩游戏是不好的事，但这两种事情虽然性质不一样，最后导致的结果却是相同的：都将自己所放的羊弄丢了，也就是说犯了同样的错误。那么，这两件事也就不再有好与不好之分，都是错的。

宋朝苏轼在诗中便写道："仲尼忧世接舆狂，臧谷虽殊竟两亡。"孔子忧虑世道，接舆佯狂隐逸，虽表现不同，但都是因为对现状不满、不安；臧和谷两人，所做虽不同，导致的结果却都是丢了羊。

所以说，一个人，做任何一件事情都要专心、认真，三心二意的话，迟早会出错。

## 应用课堂

"臧谷亡羊"这个典故寓意丰富，值得深思。

举例：犯了错误，就不要给自己找理由，臧谷亡羊，其结果都是一样的，都需要静下心来认真反思。

## 知识拓展

### 相关成语：遭时不偶

语出元朝许衡《时务五事·为君难·任贤》："遭时不偶，务自韬晦。"指没遇到合适的时机。韬晦，即韬光养晦。没有遇到好时机，那么就需要隐藏自己的才能，低调处世。

# 蚍蜉撼树

蚍蜉：蚂蚁。撼：摇撼。字面意思是蚂蚁想要摇动一棵大树。结果会怎样呢？大树自然安然无恙。所以，这只是蚂蚁的异想天开，不自量力。

语出唐代韩愈《调张籍》："蚍蜉撼大树，可笑不自量。"

### 蚍蜉撼树，不自量力

韩愈是唐宋八大家之一，能诗善文，他的散文对后世影响很大。

韩愈生活的时代，比李白、杜甫等晚，这两人都去世之后，韩愈才出生。但李杜的影响还在，韩愈是读着李杜的作品长大的，对李杜其人、其作品都很崇敬。

但是，在当时文坛，对李杜二人的作品价值已经有了一些质疑的声音，有人认为李白远远不及杜甫，也有人认为两人都被高估了，他们的作品价值配不上他们过高的名声。为此，韩愈愤愤不平。

其中有位叫张籍的诗人，跟韩愈是好朋友，他是杜甫的粉丝，对李白则有所保留。韩愈就写了一首诗来调笑他，表明自己力挺偶像李白、杜甫的立场，并借这个由头，向那些批评李杜的声音说"不"。

诗的名字叫《调张籍》，诗很长，前八句是这样写的："李杜文章在，光焰万丈长。不知群儿愚，那用故谤伤。蚍蜉撼大树，可笑不自量。伊我生其后，举颈遥相望。"

在诗中，韩愈对李白、杜甫的诗文给予了极高的评价，称赞是"光焰万丈长"，并直接蔑称反对者为"不知群儿愚"，讥笑他们"蚍蜉撼大树，可笑不自量"。

韩愈的话让人想起杜甫曾经写过的类似的诗。当时有人贬低初唐四杰，杜甫写诗批驳："尔曹身与名俱灭，不废江湖万古流。"前后两代人，在维护偶像这件事上，同样铿锵有力。

## 知 识 拓 展

### 近义词：以卵击石

语出《荀子·议兵》："桀、纣作尧，譬之若以卵击石，以指挠沸。"以桀的不义之师去攻打尧的仁义之军，那就像用鸡蛋去碰石头，用手指去搅拌沸水一样，结果可想而知。

### 反义词：泰山压卵

比喻两者之间力量悬殊，强者一方必然对弱者一方进行碾压。成语"泰山压顶"也有类似意思。

语出《晋书·孙惠传》："况履顺讨逆，执政伐邪，是乌获摧冰，贲育拉朽，猛兽吞狐，泰山压卵，因风燎原，未足方也。"乌获、孟贲、夏育都是古代有名的大力士。以顺讨逆、以正伐邪，就好比大力士砸薄冰、摧腐木，猛兽吞狐，泰山压蛋，顺风烧火一样，太容易不过了。

## 应用课堂

"蚍蜉撼树"用于轻蔑、嘲讽，多与"不自量力"连用。

如：一小撮国际反华势力想要分裂中国，实在是蚍蜉撼树，不自量力。

# 以管窥天

管：竹筒。透过竹管小孔或缝隙去看天空。比喻视野受限，知识狭隘，看问题流于肤浅、片面。

出自《庄子·秋水》："是直用管窥天，用锥指地也，不亦小乎！"用竹管去看天空，用锥子来指地面，都是太小太小了。

### 以管窥天太偏狭

传说齐国有个神医叫扁鹊，他年轻的时候得到过一个名叫长桑君的奇人传授医术。长桑君给他服用了一种神奇的草药，使他能透过一堵墙，看到对面的人，所以在给人看病时，比现在的透视技术还要厉害，能够一眼就看清病人的五脏六腑，然后对症下药，总是药到病除。

有一次，扁鹊来到虢国，听说虢国太子得病死了。扁鹊来到王宫，问一位官员："太子得了什么病？"

官员告诉他，是气血不调，突然晕厥，已经死了小半天时间了。

扁鹊心里对太子的病情已经有了了解，他着急地跟官员说："我叫扁鹊，来自齐国，从医很多年，请你快去禀告国君，说我能复活太子。"

官员不信，说："你跟我开玩笑呢？人都死了，怎么还可能复活。上古时期有个神医，治病不用药，解开病人衣服一看就知道是什么病，割开皮肤疏通下经脉就能治好病。你如果有这么厉害，我就相信你真能救活太子。要不然，你就是骗子。"

扁鹊再三请求，官员都不肯相信。最后，扁鹊仰天长叹："你说的这些方法，不过是以管窥天罢了。"

# 知 识 拓 展

### 近义词：管中窥豹

从管孔里看豹。比喻见识狭小，看不全面。也比喻以小见大，由部分推测全貌。

出自《世说新语》："此郎亦管中窥豹，时见一斑。"通过管孔看豹子，只能看见豹子身上的一块花斑。

### 近义词：以蠡测海

蠡：盛水的瓢。用瓢来测量海里的水。可想而知，这种方法有多蠢笨而低效，比喻见识浅短，用自己的浅见来度量别人。

语出《汉书·东方朔传》："语曰：'以管窥天，以蠡测海，以莛撞钟'，岂能通其条贯，考其文理，发其音声哉！"莛，草茎。以竹管看天，以瓢量海，以草茎去撞钟，都是不可能完成的任务。

## 应用课堂

"以管窥天"含有贬义。成语"一管之见"也来自此，比喻见识浅陋、不全面，多用于自谦。

贬义成语也可以反着说，如："以管窥天"未必就不能看清楚天空的真相或全貌，我们今天的望远镜，不也是以"管"窥天吗？但人们通过望远镜，不但能看清楚极遥远的地方，还能看到宇宙深处的绚丽风景。

# 高屋建瓴

建：倾倒。瓴：盛水的瓶子。在高高的屋顶上往下倒水，比喻居高临下、不可阻挡的气概或形势。多用来形容讲话观点高瞻远瞩，或理论构架深远宏大。

语出《史记·高祖本纪》："地势便利，其以下兵于诸侯，譬犹居高屋之上建瓴水也。"

### 高屋建瓴势不可挡

汉高祖刘邦刚登基不久，有人向他报告说楚王韩信谋反。刘邦听到后，非常担心和害怕，他知道韩信本领大，如果真的谋反那就麻烦了。刘邦当即找来一帮谋臣商量对策。

大家都认为最好是发兵将韩信抓来杀了，以除后患。只有丞相陈平认为不妥，他说："韩信不是常人，公然去抓他的话，我们未必能得手。不如用计，皇上可以假装巡游云梦，让各路诸侯都到陈县来觐见。韩信所在的驻地离陈县不远，不得不来。只要他来，那就好办，几个人就能逮住他。"

韩信本来就没有造反的心思，但他又知道刘邦听信谗言，怀疑自己要造反，所以有心去见，又怕没有好结果。正在左右为难之际，有部下建议说："项羽的大将钟离昧不是逃亡到您这里了吗？只要把他的人头献给皇上，就能打消皇上对您的怀疑。"

韩信照办了。谁知，这下更让刘邦抓住了把柄，说韩信窝藏敌将那么久，今天才交出来，可见蓄意谋反是真的，于是借机把韩信降为淮阴侯。

大夫田肯对刘邦说："皇上制服了韩信，皇位稳定。关中这个地方，地势险要，是皇上建立霸业的根据地。这里进可攻，退可守，非常便利。如果从这里发兵攻打诸侯，就像站在高屋上面向下泼水那样势不可挡。"

## 知识拓展

**近义词：居高临下**

站在高处，面对低处，形容占据了有利的地势或局面。

语出《淮南子·原道训》："登高临下，无失所秉，履危行险，无忘玄伏。"形势有利的时候，不忘初衷；形势危险的时候，不放弃对"道"的坚持。

**反义词：螳臂当车**

当：阻挡。螳螂举起前腿想挡住前进的车轮，比喻不自量力或以弱抗强、必然失败的行为。

《庄子·人间世》："汝不知夫螳螂乎，怒其臂以当车辙，不知其不胜任也。"小小螳螂，一怒之下，伸出手试图阻挡前进中的车轮，却不知道这是不可能完成的任务。

## 应用课堂

"高屋建瓴"现多用来赞扬某人讲话很有高度。
如：他的讲话真是高屋建瓴，让我受益匪浅。

# 改弦更张

换掉旧的琴弦，再安上新的弦，比喻去旧更新，改变制度或做法等。

语出《汉书·董仲舒传》："窃譬之琴瑟不调，甚者必解而更张之，乃可鼓也。"

《宋书·乐志》中也说："琴瑟时未调，改弦当更张。翔乃治天下，此要安可忘。"

### 董仲舒建言改弦更张

董仲舒，西汉儒学大家。董仲舒年轻的时候，学习非常用功，每天都在书房里埋头读书，连房门都不出。书房附近就是他家的园圃，好几年里，他居然都顾不上去看一眼。

当时，汉武帝刘彻召举贤良文学之士，请他们对施政方针提出建议。董仲舒大胆建言，提出了很好的意见。他说："汉朝继秦而立，以前秦朝的旧制度就好比琴上的弦，已经陈旧不堪，不能再用。既然这把琴弦的音调没法调得和谐了，那就必须把它解下来，再更换上新弦，然后才可弹奏。万事同理，政策制度也是如此，行不通了，就得进行改革，然后才能把事情办好。应当更换琴弦而不换，就是第一流的音乐家也弹不出优美的音调来；应当改革而不改，就是最贤明的政治家也不能创造令人满意的政绩。"

董仲舒还向汉武帝建议"罢黜百家，独尊儒术"，使儒学思想成为中国历代正统，影响中国社会数千年。

## 应 用 课 堂

使用举例：

我劝你改弦更张，不要再有这种错误想法了。

## 知 识 拓 展

### 近义词：改辕易辙

辕：车辕；辙：车走过的痕迹，借指道路。改变车辕的方向，走新的路。比喻改变原来的态度和做法。

南宋魏庆之《诗人玉屑·张秦》："其初改辕易辙，如枯弦散轸，虽成声而跌宕不满人耳；少焉遂使师旷忘味，钟期改容也。"刚开始改辕易辙的时候，效果还没显示出来，弹奏出来的声音很难听，让人感觉还不如以前；但是一段时间之后，声音优美，即使是师旷、钟子期这样的音乐名家听到了，都会惊叹。

### 反义词：重蹈覆辙

指走曾经翻过车的老路，比喻不吸取失败的教训，重犯过去的错误。

《后汉书·窦武传》："今不虑前事之失，复循覆车之轨。""前事之失"是以前的错误，"覆车之轨"是翻过车的老路。

# 旁敲侧击

从旁边敲击，从侧面击打。意思是说话或写文章中，故意绕弯子，隐藏自己的真实意图，以达到打探消息或让对方自行领悟的目的。

## 旁敲侧击与弦外之音

淳于髡是战国时代齐国的名臣。他身材不高却很有学问，是当时最著名的学者之一。淳于髡还有个特点，就是诙谐幽默、能言善辩。他说出来的话，乍听上去特别有趣，细思之下又觉得很有道理。

有一年，楚宣王即将发兵攻打齐国，齐威王很担心，就派淳于髡去向赵国求援。齐威王给赵国准备了一些礼物，包括一百斤黄金、十辆马车。

淳于髡绕着这些礼物看了看，没说话，突然一个劲地仰头大笑，笑得太猛了，以至于系帽子的带子都被绷断了。

齐威王觉得莫名其妙，问淳于髡："你这是什么意思？是嫌准备的礼物太少了吗？"

淳于髡不肯正面回答，他说："大王啊，我哪敢嫌少，这东西又不是送给我的。"

齐威王又问："那你在笑什么呢？"

淳于髡说："我想起来一个事情，突然觉得好笑。今天上午，我看到一个农民跪在路边祈祷，面前摆了一只小猪爪和一杯酒，却要求神保佑他五谷丰登、六畜兴旺、家财万贯，还要子孙满堂。你说他这么一点东西却要求那么多，好笑不好笑？"

齐威王听懂了淳于髡的弦外之音，明白淳于髡是在旁敲侧击提醒自己，便又增加了黄金千镒、白璧十双、马车百辆。淳于髡带着礼物到了赵国，赵国很高兴，当即发兵驰援齐国。楚宣王自觉不敌，灰溜溜地撤军了。

## 知识拓展

### 近义词：弦外之音

原指音乐的余音。比喻言外之意、话里有话。形容在说话时，不明着说出要表达的意思，只是间接、委婉地透露。

南朝范晔《狱中与诸甥侄书》："弦外之意，虚响之音，不知所从而来。"音乐停止了，却还有声音响起，并不知是从哪里来的。

### 反义词：直言不讳

意思是说话坦率，不隐瞒，不顾忌。类似的还有"开门见山""打开天窗说亮话"。

《晋书·刘波传》："臣鉴先征，窃惟今事，是以敢肆狂瞽，直言不讳。"刘波说，我是鉴于古代的例子，以及当今的形势，所以才敢直言不讳，向您提出意见。

## 应用课堂

"旁敲侧击"，简单来说就是说话或写文章委婉，不直接问出关心的问题或表露出自己的意图。

如：老师只是旁敲侧击地问了几句，就把整件事的来龙去脉弄清了七七八八。

# 鞭长莫及

出自《左传》："虽鞭之长，不及马腹。"虽然鞭子很长，但总不能打到马肚子上，比喻距离太远而无能为力。

## 晋国鞭长莫及

春秋时期，楚庄王派申舟去访问齐国，途中要经过宋国。按照外交礼仪，事先须照会宋国，这也算是一种基本的尊重。然而，楚国仗着自己地盘大、势力强，根本就没将宋国放在眼里，所以楚庄王就免了这道程序，在没有通知宋国的情况下，让申舟直接过境宋国。

平白受到这般无视，宋国国君当然非常气愤，就派人将申舟扣留了下来。在商量事情如何处置的会议上，大臣华元更是言辞激烈，说："这是关系到国家尊严的大事，楚国这样做，分明就是将我们宋国当成了他们的领土，想怎样就怎样。我们决不能无动于衷，必须拿出强硬手段来回击他们，哪怕就是引起战争，最后亡国，也要抗争到底。"其他大臣也纷纷支持说："是的，我们宁可战败，也决不屈服！"于是，宋国处死了申舟，并做好了楚国进攻的准备。

楚庄王本来就是想要挑起事端的，当即发兵进攻宋国。然而，战事进行了好几个月，楚国也没能将宋国攻下来。

第二年春，宋国派大夫乐婴向晋国求助。晋景公答应了宋国请求，正准备出兵时，大夫伯宗劝道："鞭子再长，也打不到马的肚子。楚国的事又岂是我们能管得了的呢？"

## 应用课堂

成语"鞭长莫及",多用来表达一种心有余而力不足的无奈心情。

如:我也想跨马走江湖,但是本领有限呀;我也想为你排忧解难,但是相隔两地,我实在是鞭长莫及!

## 知识拓展

### 近义词:远水救不了近火

语出《韩非子》:"失火而取水于海,海水虽多,火必不灭矣,远水不救近火也。"原意是海水虽多,但家中失火时,指望去老远的地方取海水来灭火,也是行不通的。比喻慢办法解决不了急问题,长远的手段解决不了当下的难题。

### 近义词:望洋兴叹

语出《庄子·秋水》:"于是焉,河伯始旋其面目,望洋向若而叹。"意为仰望海神而兴叹。原指在伟大事物面前感叹自己的渺小。现多比喻做事时因力不胜任或没有条件而感到无可奈何。

# 巧言令色

《论语》一书中，孔子曾两次说到"巧言令色"这个词，并对这一行为表示深深的鄙夷。那么，"巧言令色"到底是什么意思呢？

"巧言"就是讨人欢心的话语，即花言巧语；"色"是脸色、表情，"令色"就是向人讨好的表情。口头上说着漂亮的话，脸上带着讨好的表情，这样的人，似乎很好交往、很值得交往，但是孔子认为，这种人"鲜矣仁"，虽然表面上很友善可亲，实际内心阴暗、缺少仁爱之心。

### 巧言令色，很少有好人

"巧言令色"的人，最大的特点是虚伪。表面友善、恭谨，实则包藏祸心。

这个词最早出自《尚书》："能哲而惠，何忧乎兜，何迁乎有苗，何畏乎巧言令色孔壬！"如果能做到明智而爱护百姓，哪里还需要担心兜、有苗这样的恶人，哪里还需要畏惧巧言令色的孔壬之徒！

兜、有苗、孔壬，都是传说中尧舜禹时代的著名坏人。

《论语·学而》中："子曰：'巧言令色，鲜矣仁。'"孔子认为巧言令色之徒，很少有好人。

《论语·公冶长》中，孔子又提到："巧言令色，足恭，左丘明耻之，丘亦耻之。匿怨而友其人，左丘明耻之，丘亦耻之。"

左丘明是《国语》一书的作者，孔子视他为前辈同道。所以孔子说：花言巧语，面貌伪善，表现得过分恭敬，这种人，左丘明认为可耻，我也认为可耻。内心里包藏怨恨，表面上却跟人友好，这种人，左丘明认为可耻，我也认为可耻。

"巧言令色，鲜矣仁"，这是孔子个人的生活经验总结。但是千百年来，无数人对这一判断深有同感。

生活中遇到这种人，一定不要被他的表面所迷惑，要和他保持距离，怀有戒心，不可深交。

## 知 识 拓 展

**近义词：道貌岸然**

神态庄重严肃。含贬义，多指装出一本正经的样子，实则是伪君子。

**反义词：声色俱厉**

说话的声音和神色都很严厉。与"巧言令色"刚好相反，态度非常不友善。

**相关词语：无事献殷勤，非奸即盗**

这是一句俗语。意思是一个人无缘无故地向他人献殷勤、送温暖，则往往是要图谋不轨。

## 应用课堂

"巧言令色"是贬义词，多用于批评，跟"巧舌如簧""花言巧语"相近。但在词义上，"巧言令色"内容更丰富，除了从说话上来判断此人的品行好坏，还有从脸色、表情上来观察。

# 道听途说

道、途：皆指道路。意思是在路上听来消息，未经证实，又一路上向别人再传播，泛指没有根据、不确切的传闻。

语出《论语》："道听而途说，德之弃也。"孔子说：传播不确切的消息，是道德所唾弃的事情。

## 道听途说者可耻

战国时期，齐国有一个人叫毛空，见着人就爱说空话。有次，艾子从楚国刚一回到齐国，在城门口就遇到了这个毛空。毛空拉着艾子神秘地告诉他："哎，先生！有个人家的一只鸭子，一次生了一百个蛋。"

艾子知道这毛空是个听风就是雨、最爱道听途说的人，自然不信。见他直摇头，毛空就急了，只得改口说："那可能是两只鸭子。"艾子还是摇头："这也不可能。"毛空又改口说："那大概是三只鸭子生的。"艾子仍然不信。"那也可能是四只、八只、十只鸭子生的。"

见艾子还是不相信，毛空又给艾子说起另一件事："上个月，天上掉下一块肉来，有三十丈长、十丈宽呢。"艾子继续摇头，表示不信。毛空急忙改口说："可能是二十丈长。"艾子还是不信。毛空说："那就算十丈吧！"

艾子实在听不下去了，不想跟他再多说，就反问道："世界上哪有十丈长、十丈宽的肉，而且还会从天上掉下来？你是亲眼所见吗？刚才你说的鸭子是哪一家的？现在你说的大肉又掉在什么地方？"

毛空被问得答不出话来，只好支支吾吾地说："那都是我在路上听人家说的。"

艾子听后，笑了。他转身对站在身后的学生们说："你们可不要像他那样'道听途说'啊！"

## 应用课堂

"道听途说"可用来表达没有根据这层意思。

如：做人要慎言，要有一分证据就说一分话，如果总是道听途说的话，很容易就消耗掉自己在他人心目中的信用值，以后无论说什么，别人都不敢相信。

## 知 识 拓 展

### 近义词：捕风捉影

意思是想抓住风和影子。比喻说话或做事用似是而非的迹象做依据。

语出东汉班固《汉书·郊祀志》："听其言，洋洋满耳，若将可遇；求之，荡荡如系风捕景，终不可得。"听其说话，满耳都是美好的景象，好像马上就能遇见神仙一样；可是真要去找，却虚无缥缈，好比捕风捉影，只会徒劳无功。

**反义词：言之凿凿**

清朝纪昀《阅微草堂笔记》："宋儒据理谈天，自谓穷造化阴阳之本，于日月五星，言之凿凿，如指诸掌。""言之凿凿"，意思是所说的话都有真凭实据，多用作贬义。纪昀引用他人的话，批评宋朝儒士（学者）不务实，爱睁眼说瞎话，对于不懂的事情也敢大放厥词、言之凿凿，分明不了解日月星辰的运行，却能说得跟长在他手掌上的掌纹一样。

# 以讹传讹

讹：错误。也作"讹以传讹"，形容把本来就是错误的东西妄加传播，越传越错。

语出宋代俞琰《席上腐谈》："世上相传女娲补天炼五色石于此，故名采石，以讹传讹。"

明代郎瑛《七修类稿》中也说："不然，长髯紫衣，怪诞幽显之说，何其骇异哉？后人又不考而吟咏焉，讹以传讹也。"

### 打井得一人

宋国有一户姓丁的人家，住的地方附近没有水源，出去挑一担水来回要走上小半天，幸好他家人手多，便安排一人专门去挑水，一天下来也就能挑上三两担，刚够家里用。

后来，丁家觉得这样不划算，为了挑水白白损失家里一个劳力，还非常辛苦。于是，商议要在自家院子里打口水井。挖了十来天，总算是将水井打成了，实现了家庭用水的自给自足。为此，一家人很高兴，特别是这家主人，逢人便说自家打了水井的事。这天，他在路上碰到一个人，便说："我家的水井打得好啊，不用外出挑水了，就如同增加了一个人一般。"

听到了这话的人又告诉别人说："前些日子丁家在院子里打水井，得到了一个人。"

这个人再告诉另一个人，话又传偏了一点，他说："丁家打水井，挖出来一个活人。"

一传十十传百，丁家打水井挖出来一个大活人的事，在整个宋国传得沸沸扬扬。国君知道了，大为惊奇，派人去丁家查证。丁家的人回答说："我们的意思是说，打了水井就再不用去外面挑水，节省下来的人就可以去农田干活了，这不就等于是家里多得了一个劳力吗？哪里说过我家从井里挖出了一个大活人啊？"

这时，国君才知道，是人们以讹传讹，越传越离谱了。

## 应 用 课 堂

"道听途说"是没有根据，"以讹传讹"是越传越错，二者稍有不同。

举例：这件事必须加强引导，否则在社会上以讹传讹，会造成极坏的影响。

## 知 识 拓 展

**近义词：三人成虎**

亦作"三人讹虎"。比喻说的人多了，就能使人们把谣言当事实。

# 望梅止渴

出自《世说新语》:"魏武行役失汲道,军皆渴,乃令曰:'前有大梅林,饶子,甘酸可以解渴。'士卒闻之,口皆出水,乘此得及前源。"

原意是望见或想起梅子,嘴里就流口水,从而缓解口渴。形容人在愿望无法实现的时候,用空想来安慰自己。

## 曹操望梅止渴强行军

有一年,曹操带兵去讨伐军阀张绣。

天气炎热,太阳把地面晒得滚烫。在这样的大夏天行军,有多少水也不够喝,很快带的水都喝光了。士兵们汗如雨下,衣衫湿透,喘着粗气,个个都觉得嗓子里渴得快要冒烟了。

队伍在山道上越走越慢,看到这种情况,曹操非常着急,他找来向导,问附近有没有水源。

向导说:"水倒是有,但得绕过那边的一道山谷,还有很远的路。"

曹操一听便说:"远水解不了近渴,不行。"随后想了一下,便心生一计,策马赶到部队最前面,马鞭指着前方大声喊道:"大家快点走,前面不远就有一片梅树林,结的梅子又大又甜,我们快去摘来吃呀。"

士兵们一听,心里想着梅子酸甜的味道,顿时口舌生津,一下就有了精神,行军的速度一下快了许多,很快就走出了那片山地。

虽然走出去老远也没见着梅林，但是因为心中有了盼望，口渴也就不觉得无法克服了，找到水源后，士兵们又一鼓作气地继续行军，顺利地赶到了目的地。

## 应用课堂

"望梅止渴"多带有贬义，类似的有"画饼充饥""镜花水月"。但"望梅止渴"也有积极意义。

如：小女孩的爸爸妈妈出了车祸，再也没有醒来，但奶奶只是告诉小女孩，等她长大了，爸爸妈妈就会回来。这虽然只是望梅止渴，但小女孩每天都高高兴兴的，因为每过一天，她又长大了一些，离爸爸妈妈回来的日子就近了一些。

## 知识拓展

### 近义词：画饼充饥

画张大饼来充饥。形容凭着不切实际的空想来安慰自己。

语出《三国志·卢毓传》："选举莫取有名，名如画地作饼，不可啖也。"选举人才不要只看名气，名气有如在地上画饼，中看却不中吃。

**近义词：指雁为羹**

指着天上飞过的大雁，想象马上就能吃到肉羹。也是用空想来安慰自己。

元代宋方壶《醉花阴》："当初指雁为羹，充饥画饼，道无情却有情。"指光说好听的话，许下动听的誓言，哄得人高兴，却不能实现。

## 语文加油站

### 老天贵姓

三国时，蜀国秦宓非常聪明、机智。有人问："你知道天有姓吗？"

答："有。"

问："那老天姓什么？"

答："姓刘。"理由是，蜀国皇帝姓刘，皇帝又称天子（天的儿子），儿子姓刘，老爸自然也姓刘！

# 口若悬河

意思是讲起话来滔滔不绝，像瀑布一样奔流不息。形容口才好，能言会道，说起话来没完没了。

语出刘义庆《世说新语·赏誉》："郭子玄语议如悬河泻水，注而不竭。"唐代韩愈《石鼓歌》中引用这一典故，说："安能以此上论列，愿借辩口如悬河。"

### 郭象口若悬河

晋朝人郭象，字子玄。他读书多，深思好学，知识渊博，对当时人最热衷的学问《老子》和《庄子》，更是潜心研究，堪称大家。因此，郭象声名远播，很多人都知道他是一位大学问家。

跟有些学问家不一样，郭象本身学问好，口才也很好，天文地理、人间世情，他都能信手拈来，什么事情都能说得头头是道，听的人也觉得津津有味。太尉王衍十分欣赏郭象的口才，常常在别人面前赞扬郭象说："郭象说起话来，就好像一条倒悬起来的河流，滔滔不绝地往下灌注，永远没有枯竭的时候。"

## 应用课堂

"口若悬河"一般作褒义词用。形容人健谈、雄辩、会说话。有时也作贬义用，类似于"夸夸其谈"。

举例：这位老师口才真好，说起话来口若悬河，妙语连珠，还特别有条理。

## 知 识 拓 展

**近义词：侃侃而谈**

形容理直气壮、从容不迫地说话。语出《论语·乡党》："朝，与下大夫言，侃侃如也。"孔子与同僚说话，有条有理，从容不迫。

**反义词：瞠目结舌**

瞪着眼睛，说不出话来。形容因为紧张或吃惊而说不出话来。

语无伦次，说起话来颠三倒四，没有层次和条理。

# 入木三分

相传王羲之在木板上写字，木工刻时，发现字迹透入木板三分深。形容书法极有笔力，现多比喻分析问题很深刻。

语出唐代张怀瓘《书断·王羲之》：“王羲之书祝版，工人削之，笔入木三分。”

### 书圣王羲之

晋代王羲之是我国历史上有名的书法家之一，因为他曾经做过右军将军，所以后人又称他为王右军。王羲之的书法，秀丽中透着苍劲，柔和中带着刚强，后人学习书法，多以他的《兰亭集序》和《黄庭经》作为临摹范本。

王羲之字写得这样好，与他的刻苦练习是分不开的。他为了把字练好，无论休息还是走路，心里总是想着字体的结构，揣摩着字的架子和气势，并不停地用手指头在衣襟上比划着。所以时间久了，连身上的衣服也划破了。他曾经在池塘边练习写字，每次写完，就在池塘里洗涤笔砚。时间一久，整个池塘的水都变黑了。

有一次，皇帝要到北郊去祭祀，让王羲之把祝词写在一块木板上，再派工人雕刻。雕刻工人在雕刻时发现，王羲之写的字，笔力竟然渗入木头三分多深，便赞叹地说：“右军将军的字，真是入木三分呀！”

## 应 用 课 堂

"入木三分"现多用来形容说话、写文章内涵深刻，很有感染力。

如：这篇文章对人物的刻画入木三分，栩栩如生，读下来令人印象深刻。

又如：鲁迅先生的杂文嬉笑怒骂、入木三分。

## 知 识 拓 展

**近义词：力透纸背**

书法刚劲有力，笔锋简直要透到纸张背面。也形容诗文之意深刻，词语精练。

唐代颜真卿《张长史十二意笔法意记》："当其用锋，常欲使其透过纸背，此成功之极也。"

**反义词：轻描淡写**

原指描绘时用浅淡的颜色轻轻地着笔。现多指说话、写文章把重要问题轻轻带过。

清代吴趼人《二十年目睹之怪现状》："臬台见他说得这等轻描淡写，更是着急。"

# 天衣无缝

在神话传说里，仙女的衣服不用针线来缝制，故而没有衣缝。比喻事物周密完善，找不出破绽。

五代牛峤《灵怪录·郭翰》："徐视其衣并无缝，翰问之，曰：'天衣本非针线为也。'"

### 天衣无缝是仙女衣裳

《灵怪录》是一本记录各种灵异鬼怪故事的笔记。

书中有一个叫郭翰的人，一天他正躺在自家庭院里乘凉，一边摇着蒲扇，一边数着天上的星星。这时，他突然看见似乎有人从天上飞过，他以为自己眼花了，揉揉眼睛，再一看，看到一位美丽的女子，突然出现在他面前。

郭翰非常吃惊，当即和女子交谈起来。

女子说："我是织女，是从天上下来的。"

郭翰将信将疑：难道天上真有仙人？难道织女的传说是真的？

于是郭翰问道："你怎么证明自己真的来自天上呢？"

仙女缓缓旋转着身子，让郭翰看她的衣服。郭翰仔细审视，发现仙女的衣服找不出针线缝制的痕迹，就像天然生成的。

仙女解释说："天上仙人的衣服本就不用针线啊。"

成语"天衣无缝"便是这么来的。

后来，"天衣无缝"多用来指文学创作浑然天成，没有一点雕琢的痕迹；也比喻事物完美自然，没一点破绽或缺点。在悬疑侦探小说里，"天衣无缝"指阴谋、布局等环环相扣，很难破解。

## 应用课堂

举例：这部悬疑电影非常"烧脑"，情节设计得天衣无缝，各种局中局、连环套，应有尽有，正反方人物的心理对抗、对人性的深刻洞察力，都令人叹为观止。

## 知识拓展

**近义词：无懈可击**

懈，指漏洞、破绽。没有破绽可以让人攻击，形容防守或文章逻辑十分严密，找不到一点漏洞。

类似的还有"滴水不漏"，水能无孔不入，但是连一滴水都漏不出来，可见有多严密。

**反义词：破绽百出**

比喻破绽非常多。

# 升堂入室

古代的宫室，前面为堂，后面是室。升：登上。入：进入。意思是先到堂上，再到内室，逐渐进入。比喻学识或技能由浅入深，循序渐进，逐步达到很高的成就。

出自《论语·先进》："子曰：'由也升堂矣，未入于室也。'"也作"登堂入室"。

## 升堂入室有成就

孔子的弟子子路，性情豪爽、有胆有识，还精通乐理、擅长弹奏乐器。子路的音乐也跟其人一样，激情澎湃，果敢勇狠，特别富有感染力。

这天，子路在老师家里鼓瑟。瑟声中如有刀光剑影，马嘶金鸣，让人如同置身战场。

孔子听了后，把子路批评了一顿："要和平，不要战争；施仁义，不要暴政。你这乐声太不和平了，为什么要弹奏这样的曲子呢？"

其他的弟子听出了孔子对子路的不满，就在背后纷纷议论，嘲笑子路粗野，不懂斯文，批评子路鼓瑟不行。孔子知道后，纠正他们说："在音乐方面，子路已经入门了，而且取得了一定的成就。只是还没有达到非常高深的境地，就像升了堂而没有入室一样，需要继续努力。"

经孔子这么一解释，大家才改变了对子路的态度。

## 应用课堂

"升堂入室"与常说的"本事学到家了"意思类似，指在某方面成就已经很突出。

如：他在这一领域的造诣已升堂入室，待以时日，必能有一番大作为。

## 知识拓展

### 近义词：渐入佳境

比喻境况逐渐好转或风景、情趣等逐渐深入而达到美妙的境地。

语出《晋书·顾恺之传》："恺之每食甘蔗，恒自尾至本，人或怪之。云：'渐入佳境。'"顾恺之吃甘蔗，从甘蔗尖吃到甘蔗根，先淡后甜，自称"渐入佳境"。

### 反义词：末学肤受

意思是学识浅薄，造诣不深。比喻学问没有从根本上下功夫，只学到一点皮毛，多用于自谦。

东汉张衡《东都赋》："若客所谓末学肤受，贵耳而践目者也。""践"通"贱"，意思是学问不精，重视耳朵听来的，忽视亲眼见到的。

# 标新立异

本意是提出新奇主张，以显示自己与众不同。后比喻爱出风头，爱显摆。语出《世说新语》："支道林在白马寺中，将冯太常共语，因及《逍遥》，支卓然标新理于二家之表，立异于众贤之外。"

### 支道林标新立异

东晋时期，在建康白马寺有一个叫支道林的和尚。这个支道林俗姓关，出家后就改姓支，名遁，道林是他的字。他深受老庄影响，对《庄子》很有研究。

《庄子》是著名思想家庄周的代表作，晋代的名家向秀和郭象都曾为《庄子》作注，并且在社会上广泛流传。后来人们一谈起《庄子》，都纷纷引用向秀和郭象的注解。《逍遥游》是《庄子》中的第一篇，一直以来也是名流学士辨析讨论的焦点。当时许多著名的学者都挖空心思深入钻研体味这篇文章包含的道理，但都没有超出郭象、向秀的见解。

有一次，支道林与一些社会名士在建康白马寺中聊天，当他们谈到《庄子·逍遥游》时，支道林开始只是坐在一边凝神静听，后来见众人谈来谈去都是郭象和向秀的注解，而无新意，他忍不住说了些自己对《逍遥游》的见解和体会。

果然，支道林的见解独具一格。他从讲解郭象、向秀的旧议入手，提出自己的看法：郭、向两人是以贬低玄学的方式来抬高佛教的。接着，支道林还以自己独到的见解为《庄子·逍遥游》重新作注，赋予它全新的意义，从而使得对《庄子·逍遥游》注释大大超出郭象、向秀的解释。众人一听，很是惊异，但细想之下，又觉得颇有新意，很是有趣，有耳目一新的感觉。

后来，人们就借用支道林的看法来解释《庄子·逍遥游》了。

## 应用课堂

"标新立异"本是鼓励创新，但在实际使用中多有贬义。

如：他这个人做事就爱标新立异，弄出一些花里胡哨的名堂来。

## 知识拓展

### 近义词：别出心裁

语出明代文学家李贽的《水浒全书发凡》："今别出心裁，不依旧样，或特标于目外，或叠采于回中。"别：另外；心裁：心中的设计、筹划。意思是另有一种构思或设计，想出的办法与众不同。

# 任人唯贤

任人：用人；贤：有德有才的人。指选用人才的标准，是只选用有德有才的人。

语出《尚书·咸有一德》："任官惟贤才，左右惟其人。"

## 管仲任人唯贤

齐襄公时，齐国内乱，襄公的两个弟弟，公子纠和公子小白，各自离开齐国避难。公子纠跟着他的老师管仲到了鲁国，公子小白则跟着他的老师鲍叔牙到了莒国。

不久，齐襄公在内乱中被杀，新立的国君不久也被杀。接连死了两位国君，齐国的内乱终于平息下来，大臣们向公子纠和公子小白发出召唤，希望他们回来继承王位。

王位只有一个，到底谁来坐呢？于是公子纠和公子小白之间展开了一场生死竞争。

公子纠有鲁国的支持，鲁庄公亲自带兵护送公子纠回国。

公子小白也不弱，他的优势是莒国离齐国近，有机会抢在公子纠前面夺取君位。

公子纠的老师管仲很聪明，他想到了这一点，所以让鲁庄公护着公子纠，自己则带领一队人马去拦截公子小白。

果然，管仲的队伍急行到即墨附近时，发现了公子小白。管仲果断地一箭射向公子小白，小白应声倒下，口吐鲜血，眼看要不行了。

131

管仲见已经得手，这才放下心来，不慌不忙地回到鲁国，护送公子纠去齐国接受王位。

不料，公子小白受伤其实并不严重，他口吐鲜血是为了麻痹管仲。等到危险过去后，鲍叔牙带着公子小白，快马加鞭赶到齐国都城，抢先继承王位。公子小白，就是大名鼎鼎的齐桓公。

齐桓公登基后，鲍叔牙知道管仲有奇才，所以极力推荐管仲。齐桓公也很大度地不计前嫌，重用管仲治理齐国。管仲提出了自己用人的标准，那就是"任人唯贤，奖赏有功"。

## 知 识 拓 展

**近义词：知人善任**

知：了解，知道。任：任用，使用。善于认识人的品德和才能，最合理地使用人才。

语出汉·班彪《王命论》："盖在高祖，其兴也有五：一曰帝尧之功裔，二曰体貌多奇异，三曰神武有征应，四曰宽明而仁恕，五曰知人善任使。"是说汉高祖刘邦为什么能夺得天下，有五个原因，其中就包括知人善任，会用人才。

**反义词：任人唯亲**

与"任人唯贤"相对，意思是任命干部不看品德、不看才干，只看他是不是跟领导关系亲近。

## 应 用 课 堂

应用举例:

以前由老师指定班干部,有些做了班干部的人其实并不能得到大家的拥护。现在改由投票选举班干部,任人唯贤,选出来的班干部更能服众。

# 分庭抗礼

庭：庭院。抗礼：对等行礼。原意为宾主相见时，分站在庭院两边，相对行礼。后引申为两者平起平坐、地位均等或互相对立。

语出《庄子·渔父》："万乘之主，千乘之君，见天子未尝不分庭伉礼；夫子犹有倨敖之容。""伉"通"抗"，对等、相当的意思。

## 渔夫与孔子分庭抗礼

孔子带着弟子周游列国。有次在途中休息时，孔子正独自弹琴。一位须眉皆白的老渔夫从河边走过来，在旁边听了一会，便招手让子贡、子路过去，问那弹琴的老人是谁。

子路大声告诉他："那是我们的先生，鲁国的君子孔子啊！"

子贡也说："我们先生就是以忠信仁义闻名各国的孔圣人。"

渔夫微微一笑说："恐怕是危忘真性，偏行仁爱呀。"认为孔子的主张不对。说完就走了。

子贡把这件事告诉了孔子，孔子一听，说："这是圣人呀，快去追他！"追过去时，老渔夫正要划船离开。孔子叫住他，很恭敬地向他请教。

渔夫也不客气，走下船对孔子说："所谓真，就是精诚所至，不精不诚，就不能动人。所以，强哭者虽悲而不哀，强怒者虽严而不威，强亲者虽笑而不和。真正的悲没有出声而感到哀，真正的怒没有发出来而显得威，真正的亲不笑而感到和蔼。真在内者，神动于外，所以真是非常可贵的。这个道理用在生活中就是，侍奉亲人则慈孝，侍奉君主则忠贞，饮酒则欢乐，处丧则悲哀。"

孔子听了很受启发，不住地点头："遇见先生真是幸运。我愿意做您的学生，得到您的教导。请告诉我您住在哪里好吗？"渔夫没搭理，跳上小船直接走了。子路很不理解地问孔子："我为您驾了这么久的车，还没见过像渔夫这样傲慢的人。就是天子和诸侯见到您，也是相对行礼，平等相待！但今天太过分了，对渔夫怎么可以这样恭敬呢？"

孔子听了，告诫子路："遇到年长的不敬是失礼，遇到贤人不尊是不仁，不仁不爱是造祸的根本。今天这位渔夫是贤人，我怎么能不敬他呢？"

## 知 识 拓 展

**近义词：平分秋色**

比喻双方各得一半。宋代李朴《中秋》诗："平分秋色一轮满，长伴云衢千里明。"

**反义词：和衷共济**

衷：内心；济：渡。

"和衷"，语出《尚书·皋陶谟》："同寅协恭和衷哉。"

"共济"，出自《国语·鲁语下》："夫苦匏不材于人，共济而已。"意思是说大家一条心，共同渡过江河。比喻同心协力，克服困难。

## 应 用 课 堂

"分庭抗礼"既可以理解为双方实力或地位相当，谁也压不住谁，也可以理解为一方与另一方对抗。

如：你这样跟他分庭抗礼对着干，只能是自讨苦吃。

# 孺子可教

孺子：儿童，泛指年轻人。意思是这个小孩子是可教的人才，有培养前途，可以造就。

语出《史记·留侯世家》："父以足受，笑而去。良殊大惊，随目之。父去里所，复返，曰：'孺子可教矣。'"

## 张良孺子可教

张良本是韩国贵族。韩国被秦国灭亡后，张良国破家亡，便去行刺秦始皇，结果失败，逃到江南一带藏起来，并改名为张良。

一天，张良在桥上散步，遇到一个老人。老人穿着粗布衣裳，脚上是一双木屐，走到张良面前，故意脱下脚上一只鞋子，丢到桥下，然后对张良说："小子！你替我去把鞋捡上来！"

张良觉得莫名其妙，但还是乖乖去把鞋子捡上来，又蹲在地上替老人穿好。老人看着张良，微笑着走了。

张良非常奇怪，愣愣地看着老人离开的身影，说不出话来。

过了一会，老人回来了，对张良说了一句："孺子可教矣。"小伙子不错！让张良在五天后的早上，到桥上来见他。

第五天早上，张良刚赶到，就看到老人已站在桥上等了。

老人生气地说："见老人还迟到，怎么能行啊？再过五天，仍来这里见我！"

又过了五天，公鸡一叫，张良就出发赶到桥上，但老人仍比他早到。

老人说："不行！五天后再来！"

这一次，张良半夜就起来，总算是赶在了老人前面。老人来了后，很满意，拿出一本《太公兵法》交给张良："你要下苦功钻研这部书，学好了以后可以做帝王的老师。十年后有大成就，十三年后你在济北谷城山下见到的黄石，那就是我。"然后老人就离开不见了。

这就是圯上老人授书的故事。张良后来学有所成，辅佐刘邦夺得天下，成为汉朝开国功臣。

## 知识拓展

**近义词：尊师重道**

尊重老师，重视师长教诲的道理。

语出《后汉书·孔僖传》："臣闻明王圣主，莫不尊师贵道。"

**反义词：朽木不可雕**

比喻人迂腐或愚笨，不堪造就。

语出《论语》："朽木不可雕也，粪土之墙不可圬也。"

## 应用课堂

"孺子可教"用于长辈赞扬后生晚辈,不可用在长辈或年长者身上。

也可用在朋友之间开玩笑,比如你拿出一道自认为最难的脑筋急转弯题目来考同学,同学很快就给出了正确答案,这时你就可以说一句:"厉害呀,真是孺子可教啊!"

# 俯首贴耳

比喻谦卑顺从，很听话的样子。

语出唐代韩愈《应科目时与人书》："若俯首贴耳，摇尾而乞怜者，非我之志也。"

### 韩愈不愿俯首贴耳

年轻时，韩愈穷困潦倒，他去参加博学宏词科考试，希望得到韦舍人的帮助与提携，就写了《应科目时与人书》这封书信给他。

韩愈才学出众，文章锦绣，很有抱负，但他深知在信中这些不能明说，否则不但有自夸之嫌，还玷污了自己的人格与志向。为此，他充分展现了自己的文才，只是写了一个寓言故事来表明心志。

寓言大意是这样的：在南海尽头，大江边上，有一个传说中的天池。天池附近有一只怪物，具有莫大神通，只要有水，它便可以上天入地，大显神威。但是它有个致命的缺陷，就是它一离开水，就寸步难行，即使住在天池边上，也必须借助别人的帮助才能进到水里。而这怪物确实是怪，非常清高，不肯主动求助于别人。它说："哪怕是死了，肉身烂在泥沙里，我也心甘情愿。如果要我像条狗一样俯首贴耳、摇尾摆首去乞求别人的同情，我实在是做不到。"

显然，这只水怪代表的就是韩愈自己。韩愈说：我一入水，就能发挥出莫大神通，怎么才能入水呢？这就需要您的帮助；同时，我虽然需要您的帮助，但如果要我像条狗一样听您的话、向您乞求，那是绝对不行的；所以，愿不愿意帮我，由您来决定吧！

## 应 用 课 堂

"俯首贴耳"多作贬义，多指丧失自尊地去顺从别人。

如：我尊敬您，也愿意跟您合作，但是让我俯首贴耳听命于您，我可做不到！

## 知 识 拓 展

**反义词：桀骜不驯**

"桀骜"，形容性情倔强，不服从管理，很难控制。东汉班固《汉书·匈奴传赞》："其桀骜尚如斯，安肯以爱子而为质乎？"班固认为，匈奴单于一直桀骜不驯，对抗汉朝中央，怎么可能愿意让自己的爱子来做人质呢？

# 朝三暮四

朝：早上。暮：晚上。字面意思是早上三个，晚上四个。比喻用诈术欺骗人。后来也比喻反复无常，让人捉摸不定。

语出《庄子·齐物论》："狙公赋芧，曰：'朝三而暮四。'众狙皆怒。曰：'然则朝四而暮三。'众狙皆悦。名实未亏而喜怒为用，亦因是也。"狙，古代指猴子。

## 朝三暮四傻猴子

成语"朝三暮四"原本是个很搞笑的故事。

话说战国时期，宋国有一位老人，家里养了许多猴子。猴子通人性，日子久了，老人和猴子相处很好，老人说话，猴子能听懂；猴子的手势和叫声，老人也能明白。老人对猴子很好，自己省吃俭用来喂养猴子们，但架不住猴子数量越来越多，老人有些吃不消，便跟猴子商量减少它们的口粮。

以前，每只猴子每天的口粮是八颗橡子，早上四颗、晚上四颗。老人想出的新办法是：每天早上的份额改为三颗，晚上的份额还是四颗不变。

老人把这个主意说了出来，猴子们一听，早上才拿三颗，怎么比晚上少了一颗，这怎么能行？个个恼火起来，吱吱哇哇大叫，在院子里跳来跳去，发泄自己的不满。

老人想了想，改口说："那这样好了，早上仍是给你们每个四颗，晚上再给你们三颗，这样总该满意了吧？"

猴子们一听，早上能多拿一颗，入袋为安，这是赚大了的节奏呀，所以都高兴得不得了，在地上翻起筋斗来。

庄子评论说：两种方案，猴子拿到手的橡子数目其实是一样的，但是朝三暮四不行，朝四暮三居然就很乐意，为什么呢？仅仅是因为后一种方案顺应了猴子的心理。

其实人也一样，总希望把好处先多拿到手一些，不是吗？

## 应用课堂

"朝三暮四"是贬义词，指心志不坚。

如：做任何事情都不能朝三暮四，否则将会一事无成。

## 知 识 拓 展

### 近义词：朝令夕改

也作"朝令暮改"。早晨发布的命令，晚上就改变。比喻经常改变主张和办法，使人无所适从。

《汉书·食货志》："急政暴虐，赋敛不时，朝令而暮改。"是说税收政策不稳定，经常变来变去。

### 反义词：一以贯之

做人做事，坚持着同一个原则，不会改变。

出自《论语·里仁》："子曰：'参乎！吾道一以贯之。'"孔子对曾参说："我的原则一以贯之。"有人问曾参，孔子的原则是什么，曾参回答：夫子之道，忠恕而已。忠是为人做事要尽心，恕是怎么对自己的，也怎么对别人。

# 生命篇

耐人寻味的人生感喟

# 白驹过隙

白驹：白色的骏马。隙：缝隙。原意为骏马飞快地驰过缝隙。后比喻太阳的光影飞快地扫过缝隙，形容光阴易逝，时间过得极快。

语出《庄子·知北游》："人生天地之间，若白驹之过隙，忽然而已。"

## 孔子向老子请教"道"

孔子和老子都是春秋时代的人，但老子要比孔子年长，更因为学问高深，故而很受孔子尊重。

有一次，孔子专程去向老子请教什么是"至道"。老子先要孔子去斋戒沐浴，然后才告诉他："在这个世界上，人的寿命是极为短暂的，就好像是太阳的光影在一条小缝隙上一晃而过，谁也无法将它留住，最后我们都得死去，离开这个世界。但是，死也是另一种形式的存在，只不过是将人从有形转化为无形，肉体虽然消失了，精神却可以永远留在人世之间。这个精神，就叫道。"

这个故事是庄子记载下来的。庄子用"白驹过隙"来形容时间的飞速流逝与人生短暂。庄子另外也说过，"吾生也有涯，而知也无涯"，人的一生虽然短暂，却自有其意义非凡之处。

无论是老子、孔子还是庄子，都是真正的得"道"高人。如今两千多年过去了，但是他们的思想和精神，却得以传承，影响着世世代代的中国人。

## 应用课堂

"白驹过隙"可以用在任何表示时间飞快的地方，如：时光荏苒，如白驹过隙，一晃眼就是两年过去，两年前我们初次相见的一幕，就像是发生在昨天！

## 知识拓展

### 近义词：日月如梭

语出宋代赵令畤的笔记小说《侯鲭录》："织乌，日也，往来如梭之织。""梭"是纺纱织布的工具。"日月如梭"是以古人生活中常见的一幕来作比喻，意思是太阳和月亮像纺织机上的梭子一样穿来穿去，形容时间过得很快。常见的用法如"光阴似箭，日月如梭"。

### 反义词：度日如年

意思是过一天就像过一年那样长。形容日子很难熬。

如北宋词人柳永《戚氏》中："孤馆度日如年。"我孤零零地待在旅馆里，每过一天都觉得是煎熬。

# 白衣苍狗

也作"白云苍狗"。形容天上的云朵，一会儿像白衣裳，一会儿又像一只灰狗。比喻世事变幻无常。

出自唐代杜甫的诗句："天上浮云如白衣，斯须改变如苍狗。"

### 《可叹》诗里的跌宕人生

唐代有一个叫王季友的人，年轻时家里穷，靠打草鞋卖来糊口，日子过得非常艰难。

王季友穷则穷，但是爱读书，立志要靠苦读来博取功名。但是他的妻子柳氏，嫌丈夫家穷，也不懂营生，一时半会看不到他有发达的迹象，所以离家出走，回了娘家。

王季友受到这样的打击之后，没有气馁，更加发愤攻读，学问越来越好。渐渐地，王季友有了一定名声，当地太守也对他另眼相待，非常礼敬。

最终王季友考中状元，实现了自己的梦想。妻子柳氏也为丈夫骄傲，重新回到他身边。

杜甫听说了王季友的事迹后，感慨这样跌宕起落的人生，写了一首《可叹》诗，对王季友的故事作了生动描述。

这首诗很长，起首第一句便是："天上浮云如白衣，斯须改变如苍狗。"天上的云儿呀，像飘来飘去的白衣裳，顷刻之间却又变了颜色，好似一只灰色毛发的狗。

　　国家兴亡、世事变幻、人生起落，足以让历代文人无限感慨，留下众多诗篇。

　　清初文学家孔尚任在戏剧《桃花扇》中，有一段话便很有名："俺曾见金陵玉殿莺啼晓，秦淮水榭花开早，谁知道容易冰消。眼看他起朱楼，眼看他宴宾客，眼看他楼塌了。这青苔碧瓦堆，俺曾睡风流觉，将五十年兴亡看饱……"

　　金陵玉殿、秦淮水边，曾经的繁华美好都如冰消散。有人盖起豪华大楼，灯火辉煌，宾客满堂，后来家境颓败，高楼倾塌。作者感叹说：这五十年里，我已经见过太多兴亡、起落了。

## 知 识 拓 展

**近义词：波诡云谲**

　　谲，音 jué。像波浪和云彩一样变化多端，不可捉摸。

**相关词语：王谢堂燕、吴宫花草**

　　刘禹锡诗"旧时王谢堂前燕，飞入寻常百姓家"，李白诗"吴宫花草埋幽径，晋代衣冠成古丘"，都是感慨世事变幻的名句。后来衍生出"王谢堂燕""吴宫花草"两个典故。

## 应 用 课 堂

"白衣苍狗"有一定消极色彩，带贬义。

如：年龄大的人看世事，常起白衣苍狗之叹，未免过于悲凉。对于年轻人来说，无论世界如何变化，保持朝气蓬勃、勇猛精进，才是正理。

# 百感交集

出自南朝文学家刘义庆的《世说新语》："见此茫茫，不觉百端交集，苟未免有情，亦复谁能遣此。"

各种感触交织在一起。形容感触很多，心情复杂。"百端"同"百般"，千百种。

### 卫玠百感交集

西晋时期，由于朝廷内部矛盾众多。加上"八王之乱"持续了整整十六年，不但给国家造成了深重的灾难，也使人民处于水深火热之中。公元309年，北方的匈奴贵族刘聪乘机起兵入侵西晋，军队两次长驱直入，兵临西晋都城洛阳附近，幸而都被西晋军队击退，才免了亡国之灾。

面对动荡不安的时局，卫玠决心把家迁往南方。永嘉四年，卫玠带着母亲和妻子一起南下。卫玠一向体弱多病，一路长途跋涉，餐风饮露，经受了千辛万苦。在将要过长江的时候，他整个人已经憔悴不堪。他对左右的人说："见到这白茫茫的江水，心里不由得百感交集。只要是一个有感情的人，又有谁能排遣这万千的思绪和感慨呢！"

由于社会动荡，加上妻子在过江后不久去世，卫玠身心俱疲，两年后，他也在建康病逝，年仅二十七岁。

## 应用课堂

成语"百感交集",既可用来形容好的心情,也可形容不好的心情。总之心情复杂都可用它来形容。近义词"悲喜交集",形容悲伤和喜悦的心情交织在一起。

如:读了他写给我的信,我一时百感交集,说不出话来。

## 知 识 拓 展

### 相关成语:看杀卫玠

卫玠是历史上非常有名的美男子。据说他从小就长得乖巧可爱,仪表非凡。五岁那年,他坐着羊车在洛阳城中游玩,前来围观的人一层一层的,都在打听:"这是谁家的璧人呀?""璧人"即出自此。卫玠长大后越发俊俏,走到哪里都被热情的粉丝包围,动都动不了,加上他身子弱,也没有随身保镖,所以每次出行,实在是件苦恼事。卫玠去世后,人们都说他是被粉丝围观而死的,称之为"看杀卫玠"。看来,人长得太帅或者太美了,未必就是幸运。

### 反义词:无动于衷

衷:内心。清朝作家李宝嘉《官场现形记》中说:"以至顶到如今,偏偏碰着这位制军是不轻易见客的,他见也好,不见也好,便也漠然无动于衷了。"意思是心里没有丝毫触动。比喻对应该关心、注意的事情毫不关心,置之不理。

# 秋风过耳

汉代赵晔《吴越春秋·吴王寿梦传》中说："富贵之于我，如秋风过耳。"这是成语"秋风过耳"的最早出处。全句的意思是，荣华富贵对于我来说，就像秋风从耳边吹过一样，根本不当回事。比喻事情不挂在心上，不值得在意。

### 富贵如浮云，似秋风过耳

春秋时期，吴王寿梦有四个儿子，其中第四子季札，才干最高，德行最好，也最受吴王宠爱。所有人都觉得，季札比三个哥哥都强，最应该继承王位。

这一年，吴王寿梦病危，必须要定下继承人了。吴王先找来季札，说明要传位给他，可是季札坚辞不受。他说，按照礼法，王位应该由长兄诸樊继承，如果自己接受了王位就等于废弃了礼法，这是万万不可的。

无奈之下，按照礼法制度，吴王传位给了长子诸樊。

诸樊一向最疼这个弟弟，也认为季札比自己更适合国君这个位置，于是又找到季札，希望由他来继承王位，但季札仍然拒绝。

就这样，诸樊最终继位。诸樊临终前，把王位传给二弟余祭；余祭临死前，王位传给老三夷昧；夷昧临死前，找到季札，说三位哥哥都做过国君了，这回你总不能再拒绝了吧？但是季札还是不肯接受王位。他说："富贵之于我，如秋风过耳。"富贵荣华对我来说，只不过如秋风吹过耳畔，我丝毫不在意。

但是吴国人民希望季札做国君的呼声很高，季札推辞不掉，索性离家出走，躲了起来。等到吴国人立了夷昧的儿子僚为吴王后，他才返回朝中，继续辅佐吴王，为国效力。

## 应用课堂

"秋风过耳"，也作"过耳秋风"，多用来表示对富贵的轻视和对利害的淡定。有时也作贬义，表达事不关己、无动于衷的意思，类似俗话说的"耳边风"。

如：他这人特别固执，认准的事情，无论旁人怎么批评，他都只当秋风过耳，无动于衷。

## 知识拓展

### 近义词：漠不关心

态度冷淡，毫不关心。多作贬义。

明代朱之瑜《与冈骑昌纯书二首》："至于一身之荣瘁，禄食之厚薄，则漠不关心，故惟以得行其道为悦。"对于身之盛衰、禄之多少，都不关心，只以推行自己的理念学说为乐。

### 反义词：唯利是图

意思是贪图好处，不顾其他。

东晋葛洪《抱朴子》："名过其实，由于夸诳，内抱贪浊，唯利是图。"有一种人，由于夸张、欺骗，导致名声很大或很好，其实内心贪浊，没有原则，只认好处。

# 挥斥方遒

挥斥：奔放。《庄子·田子方》："挥斥八极。"郭象注："挥斥，犹纵放也。"

方：正当，正值。遒，强劲。

"挥斥方遒"，指青年人热情奔放，劲头正足的样子。

语出毛泽东《沁园春·长沙》："书生意气，挥斥方遒。指点江山，激扬文字，粪土当年万户侯。曾记否，到中流击水，浪遏飞舟？"

## 毛泽东挥斥方遒气自豪

毛泽东《沁园春·长沙》一词，写于1925年，最早发表在1957年1月号《诗刊》上。全文如下：

独立寒秋，湘江北去，橘子洲头。看万山红遍，层林尽染；漫江碧透，百舸争流。鹰击长空，鱼翔浅底，万类霜天竞自由。怅寥廓，问苍茫大地，谁主沉浮？

携来百侣曾游。忆往昔峥嵘岁月稠。恰同学少年，风华正茂；书生意气，挥斥方遒。指点江山，激扬文字，粪土当年万户侯。曾记否，到中流击水，浪遏飞舟？

毛泽东的青年时代，大部分时间在长沙学习和进行革命活动。词中所说的"百侣"和"同学少年"，即指作者1914年至1918年在湖南省立第一师范学校读书时的革命友人。

毛泽东一生喜欢游泳，曾多次在湘江、长江和韶山水库畅游。通过游泳，毛泽东由水中的沉浮想到了在当时军阀统治下的中国，到底应该由谁来主宰国家兴衰、人民祸福和命运这一重大问题，充分表现了伟人不同寻常的宽阔胸怀和忧国忧民的情操。最后一句"到中流击水，浪遏飞舟"，不禁豪情满怀，很好地回答了这一问题，那就是：投身革命洪流，扭转乾坤，救民于水火！

## 应用课堂

"挥斥方遒"用于展示奔放不羁的精神状态。可用在人物身上，如：他是初生牛犊不怕虎，挥斥方遒，百无禁忌。又如：青年时代那种挥斥方遒、激情澎湃的岁月，是多么美好。

## 知识拓展

**近义词：精神抖擞**

形容精神振奋饱满。宋代释道原《景德传灯录·杭州光庆寺遇安禅师》："（僧）问：'光吞万象从师道，心月孤圆意若何？'师曰：'抖擞精神着。'"

**反义词：无精打采**

采：兴致。形容精神不振，提不起劲头。曹雪芹《红楼梦》："小红待要过去，又不敢过去，只得悄悄向潇湘馆，取了喷壶而回，无精打采，自向房内躺着。"

# 闲云野鹤

　　字面意思就是，天上的闲云和地上的野鹤。这两种事物的组合，表现出一种闲散、舒适并且令人向往的意境。

　　又作"闲云孤鹤"，语出宋代尤袤《全唐诗话》："州亦难添，诗亦难改，然闲云孤鹤，何天而不可飞？"

　　"闲云野鹤"，用来指生活闲散、脱离世事、无拘无束的人。这个成语与一个叫贯休的和尚有关。

### 闲云野鹤自逍遥

　　贯休，唐末诗人。

　　贯休很小就出家为僧，在寺庙里接受教育，他聪慧伶俐，又勤奋好学。学习佛家经典，过目不忘；学习吟诗作对，出口成章；学书法和画画，也都成绩优异。所以十来岁时，贯休便已很有名气。

　　后来，贯休为避战乱，云游到了江浙一带。为了求见吴越王钱镠，贯休写了一首赞颂的诗献上。诗中有这样两句："满堂花醉三千客，一剑霜寒十四州。"

　　"十四州"说的正是吴越国所拥有的地盘。钱镠有统一天下之志，他对自己仅仅占据江浙十四州心有不甘，虽然这首诗写得很好，他大加赞赏，但要求将"十四州"改成"四十州"，才能接见贯休。

　　贯休出身佛家，本就淡泊名利，对官场并不热衷，听到钱提出这样的要求，喟然一叹，说："州亦难添，诗亦难改，然闲云孤鹤，何天而不可飞？"让我增加些州数是不可能的，让我改诗也是不可能的，但是我本就是一闲云野鹤，什么样的天下，我不能自由自在地飞呢？

据说因为此事，贯休还曾赋诗一首："不羡荣华不惧威，添州改诗总难依。闲云野鹤无常住，何处江天不可飞。"于是离开吴越，扬长而去。

钱镠后悔了，赶紧派人去追，却已经不见踪影。

## 应用课堂

"闲云野鹤"多用来形容无牵无挂的人，也指生活懒散的人。有时也用于自谦或自嘲。

如：我就是一闲云野鹤，这种高难度的任务，你还是找别人吧，我怕是要辜负你的期望了。

## 知识拓展

### 近义词：空谷幽兰

本义指山谷中优美清香的兰花。常用来比喻人品高雅，十分难得。如清代刘鹗《老残游记》："空谷幽兰，真想不到这种地方，会有这样的高人。"

### 近义词：悠闲自在

形容悠闲而舒适。如清代张贵胜《遗愁集·忠义》："此之谓从容就义也，死是何等事，乃能夫妇同心，又做得如此悠闲自在。"

# 阳春白雪

　　"阳春"和"白雪"都是战国时期楚国的高雅乐曲。泛指高深、高雅、脱俗的艺术，与"下里巴人"相对。

　　成语"阳春白雪"与一个叫"宋玉"的人有关。出自宋玉作品《对楚王问》。

## 阳春白雪和者寡

　　宋玉出生于战国时代的宋国，是中国古代著名的美男子之一。他很有才，特别是对辞赋曲乐相当精通，是继屈原之后著名的辞赋家。年轻时，宋玉因与父亲发生冲突，便离开宋国，来到楚国，成为楚襄王的亲信。

　　宋玉出身贵族，自视甚高，因而性情高傲，人缘不好，这不，连楚襄王都听说了他的好些事情。一天，楚襄王问："宋大公子，你是不是有什么不检点啊？你看，朝堂上没人说你好话，市井老百姓中，你也没什么好口碑，这是怎么回事呢？"

　　说自己口碑不好，宋玉很老实地承认了，但是，宋玉给楚襄王讲了一个小故事。

　　他说："城里来了一个歌手，一开始时，他演唱了《下里》和《巴人》两支乐曲，很受人们欢迎，数千人都自发地跟着他的歌声唱和。

　　"到了后来，他又唱了《阳河》和《薤露》，跟着唱的也有几百人。最后，他开始唱起《阳春》和《白雪》，跟着唱的人就越来越少了，只有稀稀拉拉的几十人。当他运用商音、羽音和徵音时，能跟着他唱的就只有很少的几人了。"

楚襄王不明白：这跟你口碑不好有什么关系？

宋玉继续说："鸟类中有凤凰，鱼类中有鲲鱼，它们都翱翔在高远天空。可是，还有小雀，它们只能在篱笆下跳跃。同样地，人类中有像凤凰和鲲鹏那样的杰出人才，比如我宋玉；也有小雀那样的庸俗之辈，比如那些看不惯我的人。我怎么可能让庸俗之辈也理解我的所作所为呢？"

## 应用课堂

"阳春白雪"用来形容文学艺术、音乐等，常跟"曲高和寡"连用，也常和"下里巴人"搭配使用。"阳春白雪"有时用作贬义，指脱离生活、不接地气。

如：他这个人，太阳春白雪了，与一般人的生活格格不入，所以他很孤独，交不到朋友。其实只要他愿意敞开心扉，我们都是能理解、接受他的。

## 知识拓展

**近义词：曲高和寡**

曲调高雅，附和者少，不为大多数人所欣赏。也指知音难得。

这个成语同样出自宋玉《对楚王问》这个故事："其曲弥高，其和弥寡。"

**反义词：下里巴人**

出自宋玉《对楚王问》。与"阳春白雪"互为反面，"下里巴人"比喻通俗的文学艺术。

# 草长莺飞

青草生长，黄鹂飞翔。形容春光明媚。

语出南朝丘迟《与陈伯之书》："暮春三月，江南草长，杂花生树，群莺乱飞。"

## 草长莺飞春色好

南北朝时期是我国历史上的一个大分裂时期，在接近两百年的时间里，中国南北分裂、政权更替、征伐不休。不但南朝和北朝发生战争，各自内部也打个不停，权臣造反、军阀割据。南方以建康（今南京）为中心，相继建立过宋、齐、梁、陈四朝；北方则经历了北魏、东魏、西魏、北齐、北周五朝。

丘迟和陈伯之是旧识，两人都曾在南朝齐政权为官，丘迟是文官，陈伯之是武官。但是世事多变，两人文武殊途，人生轨迹也发生了偏离。权臣萧衍起兵反齐，建立梁政权，丘迟作为文臣，顺利地进入梁政权继续任职。但陈伯之因为是武将，在齐梁之间有些犹豫不定，因而受到萧衍的猜疑；梁政权建立后，陈伯之地位不稳，又受到手下幕僚的影响，决意造反，失败后逃到北方，投靠了北魏。

这一年，梁武帝萧衍下令北伐，陈伯之屯兵寿阳（今安徽寿县）与南梁对抗，于是便有了丘迟写信劝降陈伯之一事。

《与陈伯之书》就是这封劝降信。在信中，丘迟动之以情、晓之以理，劝陈伯之归降，又以江南暮春景色，勾起陈伯之的思乡之情。陈伯之看到信后，深受触动，率军归来。其中"暮春三月，江南草长，杂花生树，群莺乱飞"是千古佳句。

## 应用课堂

"草长莺飞"形容春色，也可以用来形容心境、精神面貌。

如：少年人要活泼，要朝气蓬勃，像初升的太阳，给人希望；像草长莺飞，给人喜悦。

## 知 识 拓 展

**近义词：鸟语花香**

鸟儿歌唱，花儿盛开。形容春天的美好景象。

南宋吕本中《紫薇·庵居》："鸟语花香变夕阴，稍闲复恐病相寻。"

**近义词：清风朗月**

风清清，月明明。形容清闲无事，也形容人洁身自好，不流于俗。

李白《襄阳歌》："清风朗月不用一钱买，玉山自倒非人推。"清风朗月好风景，不花钱就能欣赏到，喝醉了酒，不用人推就躺了下去。

# 心有灵犀

灵犀：指犀牛的角，传说它感应特别灵敏。心有灵犀，意思是心领神会，不用说话却能领会彼此的心意。

唐代李商隐《无题》："身无彩凤双飞翼，心有灵犀一点通。"

### 心有灵犀一点通

李商隐，晚唐著名诗人，与杜牧合称"小李杜"。

李商隐的诗歌追求唯美，意境空灵，句意朦胧，他的爱情诗更是缠绵悱恻，优美动人。

年轻的时候，李商隐在政治上很有抱负，希望"学成文武艺，货与帝王家"。他少年得志，有文名，科场也顺利，曾进士及第，但真正进入仕途后却一路受阻，大部分时间都只是给人做幕僚，寄人篱下，一直没有担任过重要官职。后来，他更是卷入一场政治旋涡，备受排挤，为此郁郁不得志，只能用诗来曲折地表达内心的苦闷。

李商隐一生很多诗作，都以"无题"为名。其中一首，全诗是："昨夜星辰昨夜风，画楼西畔桂堂东。身无彩凤双飞翼，心有灵犀一点通。隔座送钩春酒暖，分曹射覆蜡灯红。嗟余听鼓应官去，走马兰台类转蓬。"

成语"心有灵犀"便出自"身无彩凤双飞翼，心有灵犀一点通"这两句。意思是：我们没有凤凰的翅膀，不能一同起舞飞翔；但我们有犀牛角似的心，彼此心意相通、心心相印。

## 应用课堂

"心有灵犀"原指恋爱中的男女心心相印，现在用途极广，只要是表达心意相通的意思，都可以用。

如：他俩真可谓是心有灵犀，一个眼神、一个手势，都能让对方心领神会。

## 知 识 拓 展

**近义词：心领神会**

指一方没有明说，另一方心里已经领会。

明代吴海《送傅德谦还临川序》："读书有得，冥然感于中，心领神会，端坐若失。"读书读到会意处，就会不自觉地沉浸在作者创造的情境之中，久坐发呆。

**反义词：茫然不解**

迷茫、一无所知的样子，不理解。

清代李绿园《歧路灯》："邵肩齐说及前事，娄朴茫然不解。"

# 茅塞顿开

"茅塞顿开",字面意思是原本被茅草堵住的地方,忽然打开了、通畅了。塞读sè。

"茅塞"的说法来自孟子的一段话。出自《孟子·尽心下》。

## 茅塞子心

孟子对弟子说:"山径之蹊间,介然用之而成路;为间不用,则茅塞之矣。今茅塞子之心矣。"

山里面的小路,一段时间里不断有人去走,才能成为路;只要有一段时间没有行人经过,茅草就会长到路上,以至于把道路掩堵起来。

然后孟子批评弟子说:你呀,现在的情况就是被茅草堵住了心。

不得不说,"茅塞"这个比喻真是形象生动。孟子的话也让人想到:一天不学习,就要被茅草堵路;一天不自我反省,就要被猪油蒙了心!

一个人,之前"思维短路",怎么也绕不出来,突然得到某种启发,一下子就想通了,这就是"茅塞顿开"。这层意思类似于"醍醐灌顶"。

这个成语也经常用于赞美、感激别人的点拨、启发,如"金手指"一般,化腐朽为神奇。

如《幼学琼林》中就说："顿开茅塞，感人之教益。"得到了别人的指点，表示感谢时，就可以说自己受益匪浅，"茅塞顿开"。

## 应用课堂

在实际应用中，"茅塞顿开"多用于表示感激和赞美。

如：这件事已经困扰我很久了，我挠破脑袋也想不明白其中缘由，听你这么一说，我真是茅塞顿开啊！

## 知识拓展

**近义词**：醍醐灌顶

"醍醐"音tíhú。"灌顶"是佛教中的术语。醍醐灌顶，指把智慧灌输到人的脑袋里，使人彻悟。比喻听了高明的见解，深受启发。

唐代顾况《行路难》诗："岂知灌顶有醍醐，能使清凉头不热。"

**相关词语**：与君一席话，胜读十年书

通过与人很短的交谈，却收益极大，胜过苦读十年所得。

用于感激对方的点拨，类似的还有"一语惊醒梦中人"。

# 室如悬磬

磬：古代石质乐器，悬在架子上以供敲击。室如悬磬，意思是屋内就像悬挂的石磬，空无所有。本指府库空虚，后形容极端贫穷，一无所有。

语出《左传·僖公二十六年》："齐侯曰：'室如悬磬，野无青草，何恃而不恐？'"国库空荡荡，田里连草都不长，你们凭什么不害怕？

## 展喜犒师

齐国大军压境，即将侵犯鲁国。鲁国君臣商议之后，决定派遣说客去齐国"讲道理"，这一艰巨的任务落到了大臣展禽身上。

展禽，就是"坐怀不乱"故事中的"柳下惠"，他是个很有智慧的人，想了想说："我们鲁国弱小，齐国强大。小国和大国的地位并不均等，我只听说过大国可以给小国讲道理，小国却只能好言好语好伺候，才能让大国满意。这样大国得到了实际的好处，才会停止欺负小国。我从来没有听说过，一个小国光靠说几句道理就能平息战争的。假如小国还很自大，不懂得委曲求全的话，只会惹得大国更加恼怒。现在我们这形势，齐国军队已经开到边境了，光动动嘴皮子，是不会有效果的。"

认清了形势，思路定下来之后，展禽开始处理这事，他派弟弟展喜以犒劳齐军的名义去找齐国国君齐孝公，并告诉展喜要怎么说话。

展喜来到齐军当中，见到齐孝公，展喜说："大王辛苦了，齐军的兄弟们辛苦了！我们国君没能管理好边界上的事务，以至于还劳动各位大驾，连累贵军露宿在我们的边境上，很是过意不去，所以特地派我来犒劳大家。"

齐孝公打听说："听到我们大军压境，你们鲁国人害怕了吗？"

展喜回答："无知百姓当然害怕，但是明白事理、辅佐朝政的君子大人们并不害怕。"

齐孝公不解了，说："你们国库空虚，一穷二白，田野上穷得连青草都不长，凭什么不害怕呢？"

展喜回答："凭先王之命。从前周王赐下盟约，命我们两国要世代友好，'世世子孙无相害也'。这盟约现在还在。之前齐桓公九合诸侯，扶助弱小，您刚即位那阵，天下人都说您一定会继承桓公的功业，将之发扬光大。到如今不过九年时间，我们都觉得您肯定不会这么快就把桓公的做法给否定了。所以鲁国人不害怕。"

齐孝公被说服了，不再侵犯鲁国。

## 应用课堂

"室如悬罄"类似于"家徒四壁"，都是用来形容家里穷的。

如：俗话说"莫欺少年穷"，一个人出生的家庭是穷还是富，不是他能决定的；事实上穷与富的悬殊也没那么大，室如悬罄又如何？一个人只要勤勤恳恳，努力向上，自己会越来越优秀，生活也会越来越好。

# 知 识 拓 展

### 近义词：环堵萧然

环顾四周，只有四面墙壁，空无所有。

语出东晋陶潜《五柳先生传》："环堵萧然，不蔽风日。"家徒四壁，遮挡不住寒风烈日。

### 反义词：金玉满堂

金玉财宝堆满堂。形容财富极多或者装饰富丽奢侈。

语出《老子》："金玉满堂，莫之能守。"老子认为，大富大贵之家往往守不住，迟早会破败。

# 塞翁失马

边塞的老翁丢失马（却未必就是坏事），比喻一时虽然受到损失，也许反而能因此得到好处，坏事也可能变成好事。

语出《淮南子·人间训》："近塞上之人有善术者，马无故亡而入胡。人皆吊之。其父曰：'此何遽不为福乎？'居数月，其马将胡骏马而归。人皆贺之……故福之为祸，祸之为福，化不可极，深不可测也。"

### 塞翁失马，焉知非福

靠近边塞的地方有位老人，一次，他家养的马跑到了胡人的住地，就这样无缘无故地丢了。邻居们知道了，都来安慰老人不要伤心，老人却不以为意，他说："谁知道呢，也许这反而是件好事呢！"邻居们听了，很不解，都以为老人过于伤心而糊涂了。

就这样过了几个月，有一天老人家里丢失的马突然回来了，身后面还跟着一群胡人养的骏马！邻居们知道了都目瞪口呆，想象不到天下还有这样幸运的事情。大家都来祝贺老人，老人仍然很淡定，不悲不喜，他说："谁知道呢，说不定这反而是件祸事呢！"

家里有了好马，老人的儿子很高兴，经常骑一匹骏马飞快地跑来跑去，一不小心，从马上掉下来，摔断了腿，从此残疾了。这真是不幸，邻居们都来安慰老人。老人还是老样子，不咸不淡地说了一句："谁知道呢，说不定这反而是件好事呢！"

又过了一年，边塞爆发战事，所有健壮的男子都被征募，上了战场。很多年轻男子都在战争中死去，老人的儿子因为腿上的残疾，没有被征去当兵，幸运地保住了性命。

所以故事的作者评论说：福之为祸，祸之为福，祸福之间到底是怎么转化的，实在是深不可测呀。

## 应用课堂

"塞翁失马"着重强调的是祸福相倚，坏事与好事互相转化，所以我们遇到事情，要学会平静地接受。

如：我们当然不愿意看到发生这样的意外，可既然发生了，眼前吃了大亏，也实在没必要垂头丧气，多汲取教训就好，塞翁失马，谁知非福呢？

## 知识拓展

**近义词：因祸得福**

比喻变坏事为好事。

语出《史记·管晏列传》："其为政也，善因祸为福，转败为功。"管仲当宰相，擅长把坏事转变成好事，把失败转变为成功。

**反义词：乐极生悲**

语出《淮南子·道应训》："夫物盛而衰，乐极则悲。"事物兴盛到极点后，就会转向衰弱，快乐达到极点，就会发生使人悲痛的事。

## 语文加油站

### 琴瑟琵琶，魑魅魍魉

琴瑟琵琶，是四种乐器；魑魅魍魉，音 chī mèi wǎng liǎng，是传说中的鬼怪。明代状元唐皋出使某国，两厢争执，对方出题："琴瑟琵琶，八大王一般头面。"唐皋应声而答："魑魅魍魉，四小鬼各自肚肠。"

据说清末八国联军侵华时，侵略军中有人出题："琴瑟琵琶，八大王王王在上。"有人怒答："魑魅魍魉，四小鬼鬼鬼犯边。"

# 顾影自怜

顾，看。怜，怜惜。意思是回头看看自己的影子，怜惜起自己来；形容孤独失意的样子，也指自我欣赏。

语出晋代陆机《赴洛道中作》："伫立望故乡，顾影凄自怜。"

### 山鸡顾影自怜而累死

有人献给曹操一只美丽的山鸡。曹操和群臣想看山鸡开屏跳舞，可是任凭众人怎么逗引，山鸡都无动于衷，不肯配合。

曹操的儿子曹冲很聪明，他想了想，对一个侍从说："你赶快去拿一面大铜镜来吧。"大家不明就里，都露出疑惑不解的神色看着曹冲。一会铜镜拿来了，曹冲将它竖立在山鸡面前。那山鸡看到大铜镜中也有一只山鸡，一下来了精神，想要跟它比美，就张开了身上的羽屏，翩翩起舞起来。众人一见，都纷纷向曹冲伸出大拇指，夸他聪明。

然而，悲剧发生了。山鸡一起舞，铜镜里的山鸡也跟着起舞，而且开屏起舞的样子也很漂亮。这下山鸡受不了了，想要努力盖过铜镜里的自己，便跳得越发起劲，停不下来，结果把自己累死了。

## 应用课堂

成语"顾影自怜",含贬义。

如:年轻人不能学那没出息的行为,遭遇打击后,与其顾影自怜,不如痛定思痛,在跌倒的地方重新爬起来。

## 知 识 拓 展

### 近义词:孤芳自赏

孤芳:独秀一时的花朵。"孤芳自赏",比喻自命清高,多用作贬义。

宋代张孝祥《念奴娇·过洞庭》:"应念岭表经年,孤光自照,肝胆皆冰雪。"这里的"孤光自照",同"孤芳自赏"。

### 反义词:妄自尊大

语出《后汉书·马援传》:"子阳井底蛙耳,而妄自尊大,不如专意东方。""妄自尊大"是过高地看待自己,自命不凡。形容狂妄自大,不把别人放在眼里。

# 焚琴煮鹤

把琴砍了当柴火，来烧煮仙鹤肉。

琴是高雅、贵重的乐器，鹤是稀见、高贵的生灵，二者都是美好的事物。所以"焚琴煮鹤"，比喻随意糟蹋美好的事物，做大煞风景、令人扫兴的事情。

南宋胡仔《苕溪渔隐丛话集》中，引用李商隐的话，列了数种煞风景的事情，分别是："清泉濯足，花下晒裈，背山起楼，烧琴煮鹤，对花啜茶，松下喝道。"

## 六种大煞风景的行为

大煞风景，也就是做事不得体。任何时候，做了不得体的事情，都会遭人掩鼻嫌弃。

唐代诗人李商隐，在论文章写作时，认为有些文章的做法很是大煞风景。然后列了六个生活中的场景来示例：

清泉濯足：在清冽的泉水中洗脚。泉水清澈、凉爽，可以饮用，可以观赏，但是在其中洗脚，就不美了。大家记得作家老舍笔下著名的趵突泉吧，如果有游人在趵突泉里洗脚，那就是非常不文明的行为了。

花下晒裈：裈，音kūn，指有裆的裤子，在鲜花丛中晒裤子。鲜花何其赏心悦目，一条裤子晒在上面，自然是丑得触目惊心。

背山起楼：在背靠大山的地方建造楼房。这里，诗人是以青山为美景，在青山之前起造高楼，破坏山景，所以诗人认为不妥。

烧琴煮鹤：即焚琴煮鹤，这种劣行，让人难以容忍。

对花啜茶：这里有不同解释，有人认为，赏花应该饮酒，鲜花、美酒正相宜；有人认为，花前喝茶，花香和茶香互相干扰，所以不宜。

松下喝道：喝道指古时候官员出行，鸣锣开道，通知行人回避；松树象征清高、正直，所以在清幽的松林中，官员经过，喝道让行，这样的场景，形成巨大反差，也是败人兴致的行为。

## 应用课堂

"焚琴煮鹤"今天多用来指行为鄙俗。

如：昨晚在市音乐厅举办了一场高质量的小提琴演奏会，大家听得如痴如醉。美中不足的是，有人在音乐会期间多次用手机拍照，发出杂音，还开了闪光灯，实在是焚琴煮鹤，惹人憎厌！

## 知识拓展

近义词：牛嚼牡丹

牡丹是名贵之花，牛不懂欣赏，却把牡丹当粮草吃，自然是大煞风景。比喻对美好事物不懂得欣赏。

近义词：暴殄天物

殄音tiǎn。指任意糟蹋东西，不知爱惜。

# 语文加油站

## 古人的称呼

除称名和字外，还有称别号的，如陶渊明号五柳先生；称籍贯的，如康有为是广东南海人，称康南海；称官名的，刘禹锡曾任太子宾客，称刘宾客；苏轼做过端明殿翰林学士，称苏学士；称斋名的，杨万里斋名诚斋，便称杨诚斋；称官地的，贾谊曾为长沙王太傅，称贾长沙。此外死后有谥号，如林则徐谥文忠公，世称林文忠公。

# 摩肩接踵

语出《战国策·齐策一》："临淄之途，车毂击，人肩摩。"

《宋史·李显忠传》也说："入城，宣布德意，不戮一人，中原归附者踵接。"

踵：脚后跟。"摩肩接踵"，意思是肩碰着肩，脚碰着脚。形容人多拥挤。

## 摩肩接踵人来人往

齐国晏婴，是历史上的名相之一，后世称其为晏子。晏子是个矮个子，但是很有才能，很聪明、机智，能言善辩。

有一回，晏子代表齐国出使楚国。楚国故意整蛊他。晏子来了后，接待的人把晏子带到城门口一个小洞边，说他身材矮小，从门洞里钻进去正好。人们以为晏子受了侮辱会恼羞成怒，但晏子却不慌不忙地环顾了一下四周，然后故作惊讶地问道："哎呀，这里是狗国吗？怪不得人也要从狗洞门进城呢。"

陪同的楚国官员讨了一脸没趣，自然不敢承认楚国就是狗国，不得不引他从大门进了城。

见到楚王时，楚王站在宫殿高高的台阶上，斜着眼瞟了晏子一眼，装模作样地问道："齐国难道就没有人了吗？为什么会让你这样的矮个子来出使呢？"

晏子接过话题，理直气壮地驳斥道："我们齐国的都城临淄有成百条街道，七八千户人家，人们张开衣袖就能遮住太阳，挥把汗水就像下雨一样，街上的行人肩擦肩、脚碰脚，怎么说没有人呢？"

楚王把脸一沉，又轻蔑地追问一句："既然齐国人多，为什么就派不出比你更强的人来了呢？"

晏子笑嘻嘻地回答说："大王，您不知道，我们齐国委派外交使者出国时，有这么条规矩，贤明的使臣就派他到贤明的国君那里去，无能的人就去见无能的国王。我晏婴是齐国最无能的一个，所以就被派来见大王您了。"一句话说得楚王哑口无言，只能自受其辱。

成语"挥汗如雨"也出自这个故事。本义是指人多，一人一把汗，就像下雨一样。后用来形容出汗多。

## 应用课堂

在应用中，"摩肩接踵"就是用其本义。

如：今天晚上大家都来看花灯，公园里人来人往，摩肩接踵，挤得水泄不通。

## 知识拓展

**近义词：熙来攘往**

形容人来人往，非常热闹拥挤。

语出《史记·货殖列传》："天下熙熙，皆为利来；天下攘攘，皆为利往。"天下人来人往，都在为利益而奔波。

# 知识拓展

**反义词：门可罗雀**

罗：张网捕捉。意思是大门口没有什么人出入，可以张起网来捕捉麻雀。麻雀怕人，门口有很多麻雀聚集，说明此处无人来往，形容门庭冷清，宾客稀少。

《史记·汲郑列传》："始翟公为廷尉，宾客阗门，及废，门外可设雀罗。"翟公做大官的时候，宾客盈门，来拜访的人络绎不绝；等到罢官的时候，再没有人来，门口边冷清得可以张网捉麻雀。

## 图书在版编目（CIP）数据

这就是大语文．常用常新成语课 ／ 黄海龙编著．—
北京：农村读物出版社，2021.5（2021.11重印）
ISBN 978-7-5048-5816-0

Ⅰ．①这… Ⅱ．①黄… Ⅲ．①汉语－成语－通俗读物
Ⅳ．①H1-49②H136.31-49

中国版本图书馆CIP数据核字(2021)第019383号

中国农业出版社出版
地址：北京市朝阳区麦子店街18号楼
邮编：100125
责任编辑：全　聪　刘　叶　　文字编辑：赵冬博
版式设计：王　怡　　责任校对：刘丽香　　责任印制：王　宏
印刷：北京通州皇家印刷厂
版次：2021年5月第1版
印次：2021年11月北京第2次印刷
发行：新华书店北京发行所
开本：880mm×1230mm　1/32
印张：6
字数：140千字
定价：20.00元